Para: Hugo Castro

EL LLAMADO DE DIOS

Un recuerdo de tu primo
que te quiere mucho:

Noé Girón

Teculután zacapa.   03/02/2.010

EL LLAMADO DE DIOS

EL PROPÓSITO DE DIOS PARA TODO CREYENTE

POR HENRY T. BLACKABY
Y KERRY L. SKINNER

new
hope
PUBLISHERS

Birmingham, Alabama

New Hope® Publishers
P. O. Box 12065
Birmingham, AL 35202-2065
www.newhopepublishers.com

Library of Congress Cataloging-in-Publication Data
Blackaby, Henry T., 1935-
  [Called & accountable. Spanish]
  El llamado de Dios : el propósito de Dios para todo creyente / por Henry T. Blackaby y
Kerry L. Skinner.
    p. cm.
  ISBN 1-56309-969-1 (softcover)
  1. Vocation—Christianity. I. Skinner, Kerry L., 1955- II. Title.
  BV4740.B5718 2005
  248.4—dc22
                          2005000368

A menos que se indique lo contrario, todas las citas bíblicas se toman de la Versión Reina Valera, Revisión de 1960, propiedad de las Sociedades Bíblicas en América Latina. Usadas con permiso.

Las citas bíblicas indicadas por "Versión Ampliada, en inglés" son traducidas al español por el traductor de este libro y son de Amplified Bible, Old Testament, © 1965, 1987 por Zondervan Corporation, y The Amplified Bible, New Testament, © 1954, 1958, 1987 por Lockman Foundation.

Traducción por Miguel A. Mesías E.

ISBN: 1-56309-969-1
N054124 • 0305 • 5M1

DEDICATORIA

A mi tío y su esposa, Lorimer y Olive Baker,

quienes sirvieron fielmente como misioneros en Manchuria, China,

trabajando con Jonathan Goforth durante el gran Avivamiento

Shantung, y quien me bautizó cuanto tenía nueve años, y más tarde

fue mi pastor cuando Dios me llamó al ministerio.

HENRY T. BLACKABY

TABLA DE CONTENIDO

ACERCA DE LOS AUTORES

HENRY T. BLACKABY

Henry T. Blackaby ha pasado toda su vida en el ministerio, sirviendo como director de música, director de educación cristiana y pastor en California y Canadá. Durante su ministerio en la iglesia local, el Dr. Blackaby fue presidente de una universidad, misionero y después ejecutivo en la vida de la Convención Bautista del Sur. A principios de los años 1990 se convirtió en uno de los autores cristianos de más venta en Norteamérica, dedicado a ayudar a las personas a conocer y a tener una experiencia con Dios. Con su esposa, Marilynn, tiene cinco hijos ya casados, todos sirviendo en el ministerio cristiano. El Dr. Blackaby sirve ahora como presidente de Blackaby Ministries International.

KERRY L. SKINNER

Kerry L. Skinner ha sido autor o co-autor de muchos libros con el Dr. Henry Blackaby y el Dr. Henry Brandt. También para Prison Fellowship ha escrito currículo que usan miles de presos por toda Norteamérica. Graduado del Campbellsville College, en donde sirve al presente como síndico, y del Seminario Teológico Bautista del Suroeste, Skinner ha servido en varias iglesias como ministro asociado y ministro de educación cristiana. Al presente sirve como vicepresidente ejecutivo de Blackaby Ministries International. El y su esposa, Elaine, tienen un hijo.

CON GRATITUD

Estamos agradecidos a las muchas personas que
han sido llamadas por Dios y han vivido una vida fiel
sintiéndose responsables ante El. Sus vidas han sido
un testimonio para nosotros y para el reino de Dios.

Agradecemos especialmente a Tony Stinson y Connie Yancey
por su contribución para completar esta obra.

Blackaby Ministries International
P. O. Box 16338
Atlanta, GA 30321
www.blackaby.org

ANTES DE EMPEZAR

Su estudio de *El propósito de Dios para todo creyente* puede ser una oportunidad maravillosa para ahondar su relación personal con Dios. Oramos que, al empezar este encuentro con Dios, usted considere, note y recuerde varias cosas:

1. *Considere* conseguir un compañero de oración que ore por usted durante las seis semanas del estudio.

2. *Note* que hay testimonios que se proveen en cada unidad. Estos testimonios le ayudarán a ver cómo otros creyentes, de la historia o del tiempo moderno, han entendido y practicado *El propósito de Dios para todo creyente*.

3. *Note* que el estudio está diseñado para guiarle en cinco días de estudio cada semana. Por favor, use los otros dos días para reflexionar en lo que Dios le ha dicho durante los cinco días de estudio guiado.

4. *Note* que cada día se coloca un dibujo como éste en algún punto del texto. Cuando lo vea, deténgase y dedique tiempo para reflexionar, no sólo en el párrafo inmediato en que aparece, sino a veces en varios de los párrafos antes y después. Esta reflexión puede incluir tiempo de oración, el buscar otros pasajes bíblicos para descubrir su significado o simplemente el dedicar tiempo para aplicar lo que está leyendo.

5. *Recuerde*, es un tiempo para encontrarse con Dios, no simplemente para completar un estudio.

¿Estudio en grupo pequeño o individualmente?

Este estudio se lo puede hacer de cualquier manera. Sin embargo, si varias personas deciden realizar el estudio como grupo, hay unas pocas pautas que se proveen para el líder en la guía que se incluye al final de este libro. Anime a las personas a completar cada unidad antes de reunirse, y luego en su reunión semanal del grupo deles tiempo para que cuenten lo que Dios les está enseñando. Asegúrese de reservar tiempo para orar juntos según Dios guía al grupo a saber y experimentar que ¡a todos se nos ha dado *El llamado de Dios* y se nos considera responsables!

Introducción

Abruma darse cuenta de que el Dios del universo, el único Dios y Creador de todo lo que hay, haya escogido llamar a cada creyente a una relación personal muy especial con El. Este llamado y la relación personal que sigue ¡son muy personales y muy reales! La verdad de esto se halla en casi toda página de la Biblia, en vida tras vida y versículo tras versículo. Es central al mensaje entero de la Biblia. Es, de hecho, una expresión del mismo corazón de Dios.

Incluso más asombroso es el conocimiento de que fue decisión de Dios llamar a las personas a tal relación personal consigo mismo: "*según nos escogió en él antes de la fundación del mundo, para que fuésemos santos y sin mancha delante de él*" (Efesios 1:4). Jesús expresó esta voluntad de su Padre para sus discípulos de esta manera: "*No me elegisteis vosotros a mí, sino que yo os elegí a vosotros, y os he puesto para que vayáis y llevéis fruto, y vuestro fruto permanezca; para que todo lo que pidiereis al Padre en mi nombre, él os lo dé*" (John 15:16). Esta verdad sigue vigente hasta este día, y nos incluye a todos nosotros.

Cuando esta verdad penetra en el corazón del individuo, esa persona nunca vuelve a ser la misma. De inmediato llega a esa vida un hondo sentido de significado y propósito, y un sentido de mayordomía y responsabilidad ante Dios. Tan personal y tan real fue esto para David que le dijo a Dios:

No fue encubierto de ti mi cuerpo,
Bien que en oculto fui formado,
Y entretejido en lo más profundo de la tierra.
Mi embrión vieron tus ojos,
Y en tu libro estaban escritas todas aquellas cosas
Que fueron luego formadas,
Sin faltar una de ellas.

¡Cuán preciosos me son, oh Dios, tus pensamientos!

¡Cuán grande es la suma de ellos!

—Salmo 139:15–17

Jeremías también cobró consciencia de esto cuando Dios le informó:

Antes que te formase en el vientre te conocí,

y antes que nacieses te santifiqué,

te di por profeta a las naciones.

—Jeremías 1:5

Dios entonces le reveló a Jeremías lo que esto significaría para él, y la mayordomía de ese conocimiento afectó radicalmente el resto de su vida.

Para darle un cuadro incluso más completo de esta verdad debemos saber el testimonio del apóstol Pablo en cuanto a lo que Dios le dijo: *"Dios …. me apartó desde el vientre de mi madre, y me llamó por su gracia"* (Gálatas 1:15). Una gran porción del libro de Hechos es el historial de lo que este llamado de Dios significó en la vida de Pablo. Tal amor de Dios, dijo Pablo, literalmente lo "constreñía" ("constreñir" quiere decir ordenar todo el resto de su vida). En esta relación personal especial con Dios, cada vez se convenía más de que *"por todos murió, para que los que viven, ya no vivan para sí, sino para aquel que murió y resucitó por ellos"* (2 Corintios 5:15). Pablo más adelante expresaría lo que esto significa para su vida, al decir: *"Pero por la gracia de Dios soy lo que soy; y su gracia no ha sido en vano para conmigo, antes he trabajado más que todos ellos; pero no yo, sino la gracia de Dios conmigo"* (1 Corintios 15:10), expresando de este modo su enorme sentido de responsabilidad ante Dios por tal amor hacia él.

Pero este sentido de llamamiento y de responsabilidad no estuvo limitado al Nuevo Testamento y a unas pocas personas especiales. A **todo** creyente se le considera llamado por Dios, o escogido por Dios, o apartado para Dios. (Usted tal vez quiera ver este hecho en los siguientes pasajes: Romanos 1:6; 1 Corintios 1:1–2; Efesios 1:1–6, 18; Efesios 4:1; 1 Tesalonicenses 1:4; 2 Tesalonicenses 1:11.)

Puesto que la Biblia es nuestra guía de fe y práctica, o de la vida diaria, esta verdad y sus implicaciones para cada uno de nosotros nos guiarán por completo en nuestra relación personal con Dios. Este estudio nos ayudará a entender y a responder a Dios con responsabilidad. En este esfuerzo veremos:

1. ¿**Por qué** nos llama Dios?

2. ¿**Qué** es un llamado?

3. ¿**Quiénes** son los llamados?

4. ¿**Cómo** me llama?

5. ¿**Cuándo** me llama?

6. ¿**Cómo** pongo en práctica este llamado?

EL LLAMADO DE DIOS

UNIDAD 1

¿POR QUÉ NOS LLAMA DIOS?

UNIDAD 1
¿POR QUÉ NOS LLAMA DIOS?

VERDAD ESENCIAL PARA LA SEMANA

Nadie puede llegar adecuadamente a conocer la verdad de Dios, ni por uno mismo ni por otros, sin una dedicación de corazón al lugar y autoridad de la Palabra de Dios (la Biblia). Dios ha escogido revelarse en la Biblia a sí mismo y su voluntad para nuestra vida. Cuando el individuo toma la Biblia y abre sus páginas, se ve cara a cara con su Autor: ¡Dios! El Espíritu Santo está presente para abrir el entendimiento y el corazón del hijo de Dios a una palabra inmediata de Dios para su vida (Juan 14:17; Juan 16:13–15; 1 Corintios 2:10–16). Sin esta dedicación a hallar a Dios en su Palabra, uno queda librado al solo razonamiento humano, que nunca llevará a Dios ni a comprender su Palabra. Este estudio por entero se basa en la presuposición de que el lector ha decidido encontrar a Dios en su Palabra y responder a Dios en ese encuentro.

EL LLAMADO DE DIOS
R. G. LETOURNEAU

UN MECÁNICO AL QUE DIOS BENDIJO

R. G. LeTourneau fue uno de los más grandes inventores e industriales del mundo. Su compañía diseñó y fabricó algunas de las maquinarias más pesadas del mundo. Las invenciones de LeTourneau incluyeron el *bulldozer*, varias motoniveladoras, grúas móviles, equipo de aserrío y plataformas marítimas para extraer petróleo. Durante la Segunda Guerra Mundial, LeTourneau fabricó el 70 por ciento del equipo pesado para mover tierra que usaron los Aliados.

LeTourneau no siempre había tenido éxito. Abandonó la escuela a los 14 años y trabajó al destajo en una variedad de oficios por muchos años. A los 28 años se casó con Evelyn, y el primer hijo de la pareja murió en la infancia. Cuando tenía 31 años estaba profundamente endeudado porque fracasó su taller de reparación de automóviles.

Los reveses de LeTourneau le hicieron volver al Dios que había conocido cuando tenía 16 años. Le dijo: "Señor, si me perdonas y me ayudas, haré lo que sea que quieras que haga, a partir de este momento." Cuando el pastor de LeTourneau le sugirió que Dios necesitaba un buen hombre de negocios, LeTourneau dedicó su vida para usar para la gloria de Dios su habilidad en los negocios.

Dios empezó a bendecir los esfuerzos de LeTourneau, y él se apegó a su compromiso de ser un hombre de negocios totalmente a disposición de Dios. LeTourneau y su esposa decidieron dar el 90 por ciento de sus ingresos y vivir con el 10 por ciento restante, y cumplieron ese compromiso por el resto de su vida. Las fábricas de LeTourneau celebraran regularmente cultos de adoración. El viajó por todo el mundo contando su testimonio y hablando del evangelio. Empezó y proveyó fondos para esfuerzos misioneros en Liberia, Africa Occidental, y en Perú.

LeTourneau murió en 1969, a los 79 años, pero su legado vive todavía mediante la universidad que él y su esposa fundaron en 1946, que ahora lleva el nombre de LeTourneau University. La universidad continúa alentando a sus alumnos a llegar a ser inventores y empresarios creyentes, y se enorgullece de contar con más de 10,000 ex-alumnos que sirven al Señor en todos los Estados Unidos y en 55 países del mundo.

LeTourneau a menudo resumía su vida con estas palabras: "Amigos, soy simplemente un pecador salvado por gracia. Nada más que un mecánico al que el Señor ha bendecido."

Día 1
La Palabra de Dios revela a Dios y sus caminos

Primero, la Biblia entera da testimonio de la verdad de que Dios, desde la eternidad, escogió obrar por medio de su pueblo para realizar sus propósitos eternos en el mundo. Podía haberlo hecho todo por sí mismo, tal como obró en la creación, pero escogió no hacerlo de esa manera. Más bien, como dice la Biblia, Dios escogió llamar al ser humano a una relación especial con El, en las muchas ocasiones en que quería realizar sus propósitos.

Cuando Dios estaba a punto de destruir toda vida de la tierra debido al pecado, llamó a Noé y por medio de él le preservó a él y a su familia, así como a suficientes seres vivos para volver a poblar la tierra. Cuando Dios quiso establecer la fe que salva para toda la humanidad, escogió a Abraham para moldearlo de modo que sea una muestra de esa fe hasta el fin del tiempo. Cuando Dios estuvo listo para librar a su pueblo de la esclavitud en Egipto, llamó a Moisés y lo envió para realizar esto por medio de él.

Esto llegó a ser el modelo revelado en toda la Biblia. Sigue siendo la manera de Dios en esta misma hora. En toda la historia, desde que se escribió el Nuevo Testamento, Dios ha llamado a los que conocía y en quienes podía confiar, para que sean los instrumentos por medio de los cuales El realizaría sus propósitos eternos, especialmente su propósito de redimir a los perdidos.

DIOS ESCOGIÓ LLAMAR AL SER HUMANO A UNA RELACIÓN ESPECIAL CON EL, EN LAS MUCHAS OCASIONES EN QUE QUERÍA REALIZAR SUS PROPÓSITOS.

EN TODA LA HISTORIA, DIOS HA LLAMADO A LOS QUE CONOCÍA Y EN QUIENES PODÍA CONFIAR, PARA QUE SEAN LOS INSTRUMENTOS POR MEDIO DE LOS CUALES EL REALIZARÍA SUS PROPÓSITOS ETERNOS, ESPECIALMENTE SU PROPÓSITO DE REDIMIR A LOS PERDIDOS.

De modo similar, esta verdad se revela cuando Dios no podía hallar una persona por medio de la cual pudiera realizar su propósito de redimir. Dios "llamaba" a alguien para que proclamara el mensaje de juicio y destrucción. Ezequiel comunica un momento así cuando anota que el corazón de Dios le dijo:

> *Y busqué entre ellos hombre que hiciese vallado y que se pusiese en la brecha delante de mí, a favor de la tierra, para que yo no la destruyese; y no lo hallé. Por tanto, derramé sobre ellos mi ira; con el ardor de mi ira los consumí; hice volver el camino de ellos sobre su propia cabeza, dice Jehová el Señor.*
> EZEQUIEL 22:30–31

Esta es una verdad de lo más solemne, revelada por Dios, para nosotros, de modo que cada uno de nosotros tome muy en serio la invitación de Dios para ser su instrumento para salvar a otros. Esto puede significar dar testimonio a nuestra familia o vecinos, o la participación personal en algún proyecto misionero o de evangelización corporativa. La redención eterna de otros puede depender de nuestra respuesta a la invitación de Dios. La Biblia hace ineludible el hecho de que Dios nos considera responsables por nuestra respuesta.

Esta misma verdad se ve en el llamado de Dios a Ezequiel a ser un "atalaya" para el pueblo de Dios. Dios no quería que su pueblo sufriera el castigo, así que llamó a Ezequiel y le asignó la tarea de advertir a su pueblo. Dios podía haberles advertido por sí mismo, pero más bien escogió hacerlo por medio de su siervo Ezequiel. Una vez que Ezequiel había

LA REDENCIÓN ETERNA DE OTROS PUEDE DEPENDER DE NUESTRA RESPUESTA A LA INVITACIÓN DE DIOS. DIOS NOS EXIGE CUENTAS DE NUESTRA RESPUESTA.

recibido el mensaje de Dios para su pueblo, era responsable por entregarlo. Todo creyente debe leer la naturaleza de esa seria responsabilidad en Ezequiel 33:1–20 y aplicarla a su propia vida hoy. Por esto es imperativo que creamos la Biblia. Nos revela a Dios y sus caminos, para que cuando Dios nos llama podamos saber que es Dios, y sepamos cómo responderle, y la seria naturaleza de las consecuencias, sea para bien o para mal.

Lea Ezequiel 33:1–20 para ver el aturdidor mensaje que Dios le dio a Ezequiel. Luego responda a esta pregunta: ¿Qué mensaje le ha confiado Dios para beneficio del cuerpo de Cristo?

_____

_____

_____

_____

_____

_____

_____

Una de las ilustraciones más significativas de esta verdad se halla en la vida de María, la madre de Jesús. El propósito eterno de Dios fue enviar al Salvador al mundo, y por ese Salvador dar su gran salvación a toda persona. Halló a una joven por medio de la cual escogió obrar: María, una callada sierva. Un ángel de Dios anunció el propósito de Dios por

Porque nada hay imposible para Dios.
LUCAS 1:37

Porque los ojos de Jehová contemplan toda la tierra, para mostrar su poder a favor de los que tienen corazón perfecto para con él. Locamente has hecho en esto; porque de aquí en adelante habrá más guerra contra ti.
2 CRÓNICAS 16:9

Y todos éstos, aunque alcanzaron buen testimonio mediante la fe, no recibieron lo prometido; proveyendo Dios alguna cosa mejor para nosotros, para que no fuesen ellos perfeccionados aparte de nosotros.
HEBREOS 11:39–40

medio de ella. Luego viene la respuesta asombrosa y maravillosa de ella: *"Entonces María dijo: He aquí la sierva del Señor; hágase conmigo conforme a tu palabra. Y el ángel se fue de su presencia"* (Lucas 1:38). Y ¡Dios hizo lo que dijo que haría! Imposible para el hombre, pero posible para Dios (Lucas 1:37). María tenía un corazón "perfecto para con él" y Dios mostró "su poder a favor" de ella (2 Crónicas 16:9). Esta ha sido la estrategia de Dios desde la eternidad, y sigue siéndola, con cada uno de nosotros hoy.

La Palabra de Dios consistentemente revela esta estrategia de Dios, para nuestra instrucción en estos días. El destino eterno de multitudes cuelga en la balanza, como siempre, y Dios observa nuestra respuesta.

PENSAMIENTO PARA EL DÍA

DIOS ESCOGE OBRAR POR MEDIO DE SU PUEBLO PARA REALIZAR SU PROPÓSITO ETERNO.

¿Se añadirá su nombre a la lista de "fieles" que se da en Hebreos 11? ¿Por qué?

_____

_____

_____

_____

_____

_____

Día 2
Llamado: No para el tiempo, sino para la eternidad

Para comprender el llamado de Dios en nuestra vida, es importante darnos cuenta de que Dios no nos hizo para el tiempo, sino para la eternidad. Nos creó a su imagen (Génesis 1:26–27). Esto incluye la inmortalidad (vivir para la eternidad). Jesús mismo declaró constantemente que los que creen en El tendrán vida eterna, y que reinaremos con El:

Entonces dijo Dios: Hagamos al hombre a nuestra imagen, conforme a nuestra semejanza … Y creó Dios al hombre a su imagen, a imagen de Dios lo creó; varón y hembra los creó.
GÉNESIS 1:26-27

> *Yo, pues, os asigno un reino, como mi Padre me lo asignó a mí, para que comáis y bebáis a mi mesa en mi reino, y os sentéis en tronos juzgando a las doce tribus de Israel.*
>
> LUCAS 22:29-30

Pablo también confirmó esto al decir que cuando Dios nos salvó, *"juntamente con él nos resucitó, y asimismo nos hizo sentar en los lugares celestiales con Cristo Jesús"* (Efesios 2:6); y que nos hizo *"herederos de Dios y coherederos con Cristo"* (Romanos 8:17). De este modo, el objetivo de Dios no es para el tiempo sino para la eternidad. Este fue el propósito de Dios desde antes de la fundación del mundo.

Jesus además instó a sus discípulos: *"No os hagáis tesoros en la tierra … sino haceos tesoros en el cielo"* (Mateo 6:19–20).

Haga una lista de las inversiones eternas que usted ha almacenado en el cielo. Compare esa lista con sus tesoros terrenales.

_____

_____

_____

_____

_____

_____

_____

_____

_____

_____

Para Dios el "tiempo" era donde se hacen las inversiones eternas, pero no en donde debe uno vivir sin entender esto. Pablo dijo:

> **Y todo lo que hagáis, hacedlo de corazón, como para el Señor y no para los hombres; sabiendo que del Señor recibiréis la recompensa de la herencia, porque a Cristo el Señor servís.**
> COLOSENSES 3:23–24

Tan increíble verdad hace que el creyente busque la eternidad usando el "tiempo" como dádiva de Dios para este esfuerzo. Por lo tanto, todo creyente procurará usar su tiempo, esta vida, al máximo en el centro del llamado de Dios. El llamado de Dios es la invitación que nos extiende para que invirtamos en la eternidad, poniendo nuestras vidas a su disposición cuando nos llama, y permitiéndole obrar sus propósitos eternos por medio de nuestras vidas, y ¡para gloria de Dios!

PENSAMIENTO PARA EL DÍA

EL PROPÓSITO DE DIOS ES QUE USTED VIVA PARA LA ETERNIDAD, Y NO MERAMENTE PARA EL "TIEMPO."

Explique, como si estuviera hablando con algún amigo, cómo una persona puede saber que usted está viviendo para la eternidad.

_____

_____

_____

_____

_____

_____

_____

_____

_____

_____

_____

_____

_____

DÍA 3
EL LLAMADO REQUIERE CARÁCTER

DIOS ESTÁ TRATANDO DE DESARROLLAR EL CARÁCTER DE SU HIJO JESÚS EN CADA UNO DE NOSOTROS. ESTE ES SU PROPÓSITO ETERNO. HARÁ POR MEDIO DE NUESTRAS VIDAS LO QUE PUDO HACER POR MEDIO DE SU HIJO.

El objetivo de Dios es que todos los creyente sean *"hechos conformes a la imagen de su Hijo"* (Romanos 8:29).

Es decir, Dios está tratando de desarrollar el carácter de su Hijo Jesús en cada uno de nosotros. Este es su propósito eterno. Hará por medio de nuestras vidas lo que pudo hacer por medio de su Hijo. Debido al carácter de su Hijo (sin pecado), Dios pudo hacer su voluntad por completo. Note este pasaje:

> *Y Cristo, en los días de su carne, ofreciendo ruegos y súplicas con gran clamor y lágrimas al que le podía librar de la muerte, fue oído a causa de su temor reverente. Y aunque era Hijo, por lo que padeció aprendió la obediencia; y habiendo sido perfeccionado, vino a ser autor de eterna salvación para todos los que le obedecen …*
>
> HEBREOS 5:7–9

La salvación eterna sería para todos los que le obedecieran, y la salvación eterna sería anunciada por medio de todos los hijos de Dios cuando pusieran su vida a disposición de Dios tal como su Hijo estaba disponible para ellos. Su salvación vendría hasta los fines de la tierra, a toda persona, cultivando el carácter en los que El llamara, y luego moldeándolos para sus propósitos, y después obrando por medio de ellos conforme a sus propósitos eternos.

Esto es lo que Jesús oró:

> *Santifícalos en tu verdad; tu palabra es verdad. Como tú me enviaste al mundo, así yo los he enviado al mundo. Y por ellos yo me santifico a mí mismo, para que también ellos sean santificados en la verdad.*
> JUAN 17:17–19

El quería que sus discípulos fueran apartados para Dios tal como El había sido apartado para Dios. Esto debía tener lugar en "el mundo," en donde Dios no quiere que ninguno perezca, ¡sino que todos vengan al arrepentimiento! Este es el propósito eterno de Dios para nuestras vidas también, en estos días. Este es un propósito muy serio y eterno de Dios, que debe realizarse en nuestras vidas, tal como lo fue en la vida de Jesús.

Así que Dios está tratando de desarrollar en nosotros el carácter de su Hijo. Es importante en este momento de nuestro estudio poner claramente ante los ojos este pasaje clave de Romanos:

> *Y sabemos que a los que aman a Dios, todas las cosas les ayudan a bien, esto es, a los que conforme a su propósito son llamados. Porque a los que antes conoció, también los predestinó para que fuesen hechos conformes a la imagen de su Hijo, para que él sea el primogénito entre muchos hermanos. Y a los que predestinó, a éstos también llamó; y a los que llamó, a éstos también justificó; y a los que justificó, a éstos también glorificó.*
> ROMANOS 8:28–30

Esta verdad lleva consigo mucho del "por qué" Dios nos llama. Este carácter se desarrolla en el crisol de una relación personal con El en nuestro mundo, conforme El obra en nuestra vida su plan eterno de redención. Nos llama a una relación personal con El, a fin de que en esa relación podamos llegar a conocerle y a experimentar su obra en nosotros y por medio de nosotros. En esa relación personal, y sólo allí, El desarrolla el carácter en nosotros, en preparación para una eternidad con El. Esto a lo mejor le suene a estas alturas muy "pesado." Lo es; ¡pero también lo es el fondo de la vida cristiana!

¿Cuál es el principal rasgo de carácter que Dios desarrolló en las siguientes personas?

Abraham

_____

Moisés

_____

Jeremías

_____

David

_____

Pablo

_____

Usted

Este modelo de Dios, asumiendo la responsabilidad de desarrollar el carácter en los que El llama para sus propósitos, se ve en individuos tales como Abraham, Moisés, Jeremías, David, los discípulos y Pablo. Este modelo continuó a través de toda la historia. Aquellos a quienes Dios usó poderosamente darían testimonio, en sus biografías, de esta actividad significativa de Dios al cultivar el carácter en su vida.

EL CARÁCTER SE DESARROLLA EN EL CRISOL DE UNA RELACIÓN PERSONAL CON DIOS MIENTRAS SE VIVE EN LA REALIDAD DE ESTE MUNDO.

¿Qué carácter está desarrollando Dios en su vida?

_____

_____

_____

_____

_____

_____

DÍA 4
CONFORMADO A LA IMAGEN DE CRISTO

El proceso entero de desarrollar un carácter como el de Cristo en todo creyente empieza cuando Dios nos llama a una relación de amor con El. Primero nos redime de nuestro pecado, perdonándonos y limpiándonos, y apartándonos para El. Pone en nosotros a su Hijo (Colosenses 1:27–29), y su Hijo empieza a vivir su vida en cada creyente (Gálatas 2:20), hasta que cada creyente es "perfecto [i.e., completo] en Cristo" (Colosenses 1:28). Pablo dijo que *"hasta que Cristo sea formado en vosotros"* (Gálatas 4:19), él trabajaría con Dios incansablemente a favor de ellos.

EL PROCESO DE DESARROLLAR UN CARÁCTER COMO EL DE CRISTO EN TODO CREYENTE EMPIEZA CUANDO DIOS NOS LLAMA A UNA RELACIÓN DE AMOR CON EL.

Busque y lea Colosenses 1:27–29; Gálatas 2:20; Colosenses 1:28; y Gálatas 4:19. Después escriba cómo Dios le llamó a una relación personal con El.

_____

_____

_____

_____

_____

_____

_____

_____

La relación de amor que Dios inicia con el creyente continúa todo el resto de la vida. Dios nos desarrolla, nos equipa y nos lleva consigo en la misión al mundo. Dios no está dispuesto a que nadie perezca, en ninguna generación, y en ninguna parte del mundo.

DIOS NO ESTÁ DISPUESTO A QUE NADIE PEREZCA, EN NINGUNA GENERACIÓN, Y EN NINGUNA PARTE DEL MUNDO.

Por toda la Biblia hay muchos a quienes Dios llamó. Podemos estudiar la vida de cualquiera de estas personas y ver cómo se desenvuelve este propósito de Dios. Pero tomemos apenas un ejemplo: los discípulos que Jesús "llamó para sí." Al llamar Jesús a sus discípulos, les dijo: "¡Síganme!" Y ellos de inmediato lo dejaron todo y le siguieron.

Primero, Jesús sabía que era Dios quien le había dado a cada uno de ellos. Al final de su vida, antes de que orara en el huerto del Getsemaní, afirmó:

> *He manifestado tu nombre a los hombres que del mundo me diste; tuyos eran, y me los diste, y han guardado tu palabra. Ahora han conocido que todas las cosas que me has dado, proceden de ti; porque las palabras que me diste, les he dado; y ellos las recibieron, y han conocido verdaderamente que salí de ti, y han creído que tú me enviaste.*
>
> JUAN 17:6-8

Segundo, Jesús sabía con absoluta certeza que la tarea que el Padre le había asignado era preparar a estos hombres para el propósito eterno del Padre. Ese propósito era llevar las Buenas Noticias de su gran salvación hasta los últimos rincones de la tierra. Este propósito se realizaría después de que hubiera completado la tarea asignada de reconciliar al mundo con Dios mediante la cruz, la resurrección y la ascensión.

Por todos los tres años y medio de su ministerio, esto fue lo que Jesús hizo. Llevó consigo a los discípulos mientras predicaba, enseñaba y sanaba. Les reveló al Padre y los propósitos del Padre; y los discípulos creyeron. Cuando Jesús volvió al Padre, envió a los discípulos al mundo, de la misma manera en que el Padre lo había enviado a El al mundo (Juan 17:18; 20:21). Las "llaves del reino de los cielos" quedaban en manos de ellos (Mateo 16:19). Ellos trabajarían con el Padre y el Hijo, en el poder del Espíritu Santo, para realizar el propósito del Padre de redimir para Sí a un mundo perdido.

Esta fue la manera en que el Padre obró, y sigue siéndolo, en cada una de las vidas de los que creemos en su Hijo, Jesucristo. El Padre nos llama a su Hijo, y nos entrega a El. A Jesús todavía se le confía el recibirnos del Padre y darnos vida

Como tú me enviaste al mundo, así yo los he enviado al mundo.
JUAN 17:18

Entonces Jesús les dijo otra vez: Paz a vosotros. Como me envió el Padre, así también yo os envío.
JUAN 20:21

eterna (Juan 17:2–3). El continúa enseñando y guiando a cada creyente, moldeándolo conforme el Padre le ha instruido, hasta que cada persona conozca al Padre y responda a El. Así como los primeros discípulos experimentaron una relación personal con El, mientras más uno responda, más Dios usa a esa persona para que vaya con El y el Hijo resucitado en una misión redentora hasta el último rincón de la tierra. Conforme los discípulos obedecieron al Señor en esta relación de amor, Dios trastornó al mundo (Hechos 17:6). En toda la historia Dios ha continuado haciendo esto, y desea una vez más en nuestra generación hacer la misma obra de amor.

PENSAMIENTO PARA EL DÍA

RECUERDE QUE DIOS, QUIEN REVELA SU PROPÓSITO PARA OBRAR POR MEDIO DE AQUELLOS A QUIENES EL LLAMA, ESTÁ HACIENDO ESTO TAMBIÉN EN SU VIDA. EL LE HA DADO A SU HIJO, Y SU HIJO SABE LO QUE EL PADRE TIENE EN MENTE PARA SU VIDA, EN SU MUNDO.

Anote unos cuantos ejemplos de cómo podría usted saber que su vida está siendo conformada a la imagen de Cristo.

_____

_____

_____

_____

_____

Día 5
Porque El nos ama . . .

Con este patrón bíblico claramente ante los ojos ahora podemos hacer de nuevo esta pregunta que cambia la vida: "¿Por qué nos llama Dios?" Pero ¡hay que tener cuidado al hacerle a Dios esta pregunta! Preguntarle algo a Dios es asunto muy serio. Porque Dios nos va a contestar, y cuando nos conteste, es nuestra la responsabilidad plena de la respuesta que le demos. Pecar por ignorancia es una cosa; pero pecado a sabiendas es cosa mucho más seria (Hebreos 10:26–31).

Lea Hebreos 10:26–31 ahora, y considere la seriedad con que Dios trata el conocimiento de la verdad.

¡En la mente y el corazón de Dios esto es de suma importancia! Su llamado a nosotros no es meramente para que podamos ir al cielo cuando muramos. Hay mucho más en ese llamado. Mire cómo Dios desarrolla su propósito en los que El llama:

1. Dios nos salva para que podamos llegar a conocerle y a tener una experiencia plena con El. "Conocerle" es amarle. Amarle es confiar en El y obedecerle.

2. Jesús dijo que el que le ama le obedece; y el Padre y el Hijo amarán al que le obedece y se revelarán a él. El Padre, el Hijo y el Espíritu Santo vendrán a residir permanentemente en él (Juan 14:21, 23; 14:15–18).

Preguntarle algo a Dios es asunto muy serio. Porque Dios nos va a contestar, y cuando nos conteste, es nuestra la responsabilidad plena de la respuesta que le demos.

Pecar por ignorancia es una cosa; pero pecar a sabiendas es cosa mucho más seria.

Lea Juan 14:21, 23, 14:15–18 ahora. ¿Hay algunas maneras en que usted no ha guardado los mandamientos de Dios? Si es así, ¿qué aspectos de su vida debe cambiar?

_____

_____

_____

_____

_____

_____

_____

3. Contando con el Padre, el Hijo y la presencia del Espíritu Santo en nosotros, seremos cambiados a semejanza del Señor Jesús (2 Corintios 3:16–18).

4. Con la presencia de Dios plenamente en nosotros (Efesios 3:16–21), tendremos la experiencia, personalmente y en la vida corporativa del pueblo de Dios, de ver que El hace *"todas las cosas mucho más abundantemente de lo que pedimos o entendemos, según el poder que actúa en nosotros"* (v. 20), y El recibe la gloria *"en la iglesia en Cristo Jesús por todas las edades, por los siglos de los siglos"* (v. 21).

5. Esta transformación nos llama a participar con El en misión en nuestro mundo, y esto afectará la eternidad.

6. Esto será de acuerdo a su plan eterno, puesto en práctica en cada persona que cree en El, en toda generación.

Una vez que sabemos esto, la manera en que respondemos a Dios revelará lo que creemos acerca de El.

¡En verdad le amamos! Tenemos un deseo interior, creado por Dios, de servirle de todo corazón. Ahora Dios espera la respuesta que le daremos ¡a El!

PENSAMIENTO PARA EL DÍA

¡DIOS NOS ESCOGIÓ PORQUE NOS AMÓ! AHORA, EN ESTE AMOR, ¡NOS PIDE QUE LE AMEMOS DE TODO CORAZÓN, CON TODO NUESTRO ENTENDIMIENTO, ALMA Y FUERZA!

¿Cómo respondería usted a la pregunta: "¿Por qué le llamó Dios a usted?"

_____

_____

_____

_____

_____

_____

_____

_____

_____

_____

_____

El llamado de Dios
Conde Nicolás Zinzendorf

"Todo esto lo hice por ti. ¿Qué has hecho tú por Mí?"

Zinzendorf nació en el año 1700 en Dresden, Alemania, en una de las familias más nobles de Europa.

En su juventud Nicolás visitó un museo de arte en Düsseldorf, Alemania, en donde vio una pintura de Domenico Feti titulada: "Ecce Homo" (Miren al Hombre). La pintura muestra al Cristo resucitado con la leyenda: "Todo esto lo hice por ti. ¿Qué has hecho tú por Mí?" La cara de Cristo del cuadro nunca se borró de su corazón, y el amor de Cristo se convirtió en la fuerza impulsora de su vida.

El amor de Zinzendorf por su Salvador se expresó en su amor por los demás creyentes, especialmente por un grupo pequeño de aproximadamente 300 moravos a quienes les permitió establecer una iglesia en sus terrenos en Herrnhut en 1722. El ayudó a los moravos a cultivar una honda pasión por su Salvador y les ayudó a llevar a la práctica el mandamiento de Cristo de amarse unos a otros.

El amor de Zinzendorf por Cristo también se expresó mediante su vida de oración. Pasaba horas interminables en comunión con su Salvador y procuró guiar a otros a comprometerse a una vida de oración. Su ejemplo llevó a los creyentes moravos a empezar un poderoso movimiento de oración al que llamaron "intercesión a la hora." Oraban por turnos, las 24 horas del día, 7 días a la semana, por la obra de Cristo en todo el mundo. Esta "intercesión a la hora" tuvo lugar sin interrupción ¡por más de 100 años!

La pasión de Zinzendorf por Jesús también se manifestaba en su deseo de alcanzar a los que no conocían a su Salvador. Para 1752 la iglesia morava de Herrnhut había enviado a más misioneros que todos los que la iglesia protestante había enviado en 200 años. En poco tiempo tenían tres miembros en el campo misionero por cada uno en su iglesia en Herrnhut. Todo esto lo lograron hombres y mujeres con escasa educación formal o teológica, pero con una pasión ardiente por su Salvador, Jesucristo.

La vida de Zinzendorf fue una labor de amor por su Salvador, que había hecho tanto por él y por un mundo perdido y muriendo sin Cristo.

EL LLAMADO DE DIOS

UNIDAD 2
¿QUÉ ES UN LLAMADO?

Unidad 2
¿Qué es un llamado?

Verdad esencial para la semana

Uno debe creer que Dios en realidad nos habla en esto de su llamado. De Génesis a Apocalipsis ninguna verdad sobresale más claramente que el que Dios le "habla" a los suyos. Ellos siempre saben que es Dios, saben lo que les está diciendo, y saben cómo deben responder. En otras palabras, esto no es simplemente un ejercicio académico, o una "verdad meramente teológica." Es una relación personal real con Dios, y El en realidad nos llama a cada uno para su propósito eterno. ¡Esto es fundamental!

El llamado de Dios
Cheryl Wolfinger

"Sin dinero, sin plan, simplemente el llamado de Dios en mi vida."

"¿Qué yo empiece un ministerio deportivo internacional? Soy muy joven, sin experiencia, y ¡no tengo ni idea de dónde empezar!"

Cheryl Wolfinger, de 27 años, sabía algo de baloncesto. Desde el primer grado Cheryl sabía que quería ser jugadora de baloncesto. Su carrera exitosa en la secundaria y la universidad le valió el jugar en una liga europea de baloncesto. Mediante su participación con el Compañerismo de Atletas Cristianos, Cheryl también ha podido hablarles a otros atletas de su amor por Jesucristo.

Sin embargo, cuando un misionero le habló de la necesidad de movilizar y entrelazar a los atletas creyentes para que practiquen la evangelización deportiva intencionalmente, la reacción de Cheryl fue: "Gran idea, Dios; pero ¡te equivocaste de persona!" No obstante, al ver cómo Dios había obrado en su vida, se dio cuenta de que El la había preparado para precisamente esa tarea. Así que, sin dinero, sin plan, simplemente con el llamado de Dios en su vida, Cheryl empezó la Federación Deportiva Internacional (ISF) en abril de 1993.

Durante su primer viaje deportivo misionero a Madagascar en 1993, Dios le mostró cómo su plan y la obediencia de ella podían tocar a un mundo perdido:

Después de jugar con el equipo nacional le regalé a una joven una Biblia en su propio idioma y le hablé de lo que Jesús significa para mí. Mientras me alejaba, me di cuenta de que en efecto me escuchó, no porque yo podía predicar, o cantar, o hacer las actividades misioneras típicas, sino porque podría driblar una pelota. Por azotada que esté una nación por la guerra, o por pobres que sean, la gente juega. Hay países donde es ilegal evangelizar, pero en ninguna parte es ilegal llevar una pelota y usarla para cultivar una amistad.

Desde 1993 más de 4,000 voluntarios del ISF han realizado más de 500 proyectos en 70 países. Miles de vidas han sido tocadas debido a que una jugadora de baloncesto dijo que "sí" al llamado de Dios en su vida.

*Para saber cómo Dios podría usar su talento atlético para efectuar cambios en un mundo perdido, visite www.teamisf.com.

Día 1
Un llamado a una relación personal

Desde el mismo principio, en el huerto del Edén, vemos a Dios creando a Adán y "llamándole" a Sí mismo. Fue preeminentemente un llamado a una relación de amor con Dios. Dios le creó en su amor. Instruyó a Adán (y más tarde a Eva) a que trabaje con El poniendo nombre a los animales, y ejerciendo dominio sobre todo lo que Dios había creado (Génesis 1:28). Dios continuó dándoles a Adán y Eva instrucciones sobre la mayordomía y la responsabilidad en las tareas asignadas. El carácter de la perfecta creación divina se halla en las palabras repetidas: "¡Dios dijo! ¡Y fue así! ¡Y fue bueno!"

Esto fue supremamente cierto en cuanto a la relación de amor de Dios con Adán y Eva. Esto es siempre cierto con Dios, cuando El trae a una persona al mundo.

Pero el pecado entró en las vidas de Adán y Eva, y así se rompió la relación de amor con Dios. Uno llora al leer de nuevo el lamentable cuadro de Adán y Eva escondiéndose de la Presencia de Dios (Génesis 3:8). Y luego el lamento del corazón de Dios: "Adán, ¿dónde estás?" (Génesis 3:9–10). Adán y Eva ahora le tenían miedo a Dios. ¡Qué cambio en la relación!

El resto de la Biblia es la historia de Dios buscando esta relación de amor con sus hijos. En toda generación Dios llamaba a su pueblo a que volvieran a una relación de amor con El. La Biblia es la historia del amor redentor de Dios proveyendo a toda persona que cree en El una manera de volver a su amor. Dios proveyó salvación por medio de su

Mas Jehová Dios llamó al hombre, y le dijo: ¿Dónde estás tú?
Génesis 3:9

La Biblia es la historia del amor redentor de Dios proveyendo a toda persona que cree en El una manera de volver a su amor.

Hijo, para que su propósito eterno de amor pudiera ser restaurado.

Pero demasiado a menudo pensamos también de esta salvación como simplemente proveyéndonos una manera de ir al cielo al morir. Esto es por cierto una parte vital de la gran salvación de Dios, porque, como ya hemos notado, Dios no nos creó para el tiempo, ¡sino para **eternidad**! Pero es importante en este punto de nuestro estudio tener presente la definición que da Jesús de la "vida eterna":

> *Y esta es la vida eterna: que te conozcan a ti, el único Dios verdadero, y a Jesucristo, a quien has enviado.*
>
> JUAN 17:3

La Biblia Ampliada, en inglés, nos ayuda a entender esta definión un poco más íntimamente. Juan 17:3 y Filipenses 3:10 definen claramente la vida eterna:

> *Y esta es la vida eterna: [quiere decir] que te conozcan (perciban, reconozcan, se familiaricen y entiendan) a ti, el único Dios verdadero y real, y [de la misma manera] que conozcan a Jesús [como el] Cristo, el Ungido, el Mesías, a quien Tú has enviado.*
>
> JUAN 17:3 (VERSIÓN AMPLIADA, EN INGLÉS)

> *[Porque mi propósito determinado es] que yo pueda conocerle; es decir, que yo pueda familiarizarme con El progresivamente más profunda e íntimamente, percibiendo, reconociendo y entendiendo [las maravillas de su Persona] más fuertemente y más claramente, y que yo pueda de la misma manera conocer*

> *el poder que fluye de su resurrección [y que ejerce*
> *sobre los creyentes]; y que yo pueda participar de sus*
> *sufrimientos al ser continuamente transformado [en*
> *espíritu a su semejanza aun] a su muerte.*
>
> FILIPENSES 3:10 (VERSIÓN AMPLIADA, EN INGLÉS)

Así el llamado de Dios es a su gran salvación, provista en su Hijo, y provista como una expresión increíble de su amor eterno por cada uno de nosotros. Uno capta la enorme naturaleza de esta relación cuando el apóstol Pablo testifica de su nueva "vida **en Cristo**." Esto es pura relación personal. Oiga unos cuantos de los intentos de Pablo por describir su nueva vida "en Cristo":

1. *"Porque para mí el vivir es Cristo, y el morir es ganancia"* (Filipenses 1:21).

2. *"Porque yo por la ley soy muerto para la ley, a fin de vivir para Dios. Con Cristo estoy juntamente crucificado, y ya no vivo yo, mas vive Cristo en mí; y lo que ahora vivo en la carne, lo vivo en la fe del Hijo de Dios, el cual me amó y se entregó a sí mismo por mí"* (Gálatas 2:19–20).

3. *"Todo lo puedo en Cristo que me fortalece"* (Filipenses 4:13).

4. *"Pero por la gracia de Dios soy lo que soy; y su gracia no ha sido en vano para conmigo, antes he trabajado más que todos ellos; pero no yo, sino la gracia de Dios conmigo"* (1 Corintios 15:10).

Las cartas de Pablo están llenas de expresiones similares de amor a su Señor. Habla por experiencia personal cuando insta a los creyentes a ser *"llenos del Espíritu"* (Efesios 5:18) y a ser *"llenos de toda la plenitud de Dios"* (Efesios 3:19).

Haga una lista de pasajes bíblicos favoritos que describen su nueva vida en Cristo.

_____

_____

_____

_____

_____

_____

_____

_____

_____

Este es el testimonio de todos los grandes siervos de Dios, tanto en la Biblia como en la historia. Siempre hablan de la abrumadora relación de amor que tuvo lugar cuando Dios los llamó.

PENSAMIENTO PARA EL DÍA

EL LLAMADO DE DIOS A TODO CREYENTE ES A UNA RELACIÓN ÍNTIMA CON DIOS QUE DA VIDA, TRANSFORMA TOTALMENTE LA VIDA Y A LA LARGA TRANSFORMA AL MUNDO.

Describa cómo ha sido transformada su vida desde que entabló esta relación íntima con Cristo.

_____

_____

_____

_____

_____

_____

_____

_____

_____

_____

_____

Día 2
EL LLAMADO ES REDENTOR

Hay otro aspecto de esta relación personal y llamamiento, y que a menudo se soslaya o descuida, y es que esta relación personal ¡siempre es **redentora**! El llamado a la salvación es al mismo tiempo a estar redentoramente en misión con Dios en nuestro mundo. El momento en que una persona es llevada a una relación personal con Dios, tiene una experiencia con el corazón de Dios y la mente de Dios, y los propósitos eternos de Dios. Todo lo que está en el corazón del Hijo de

EL LLAMADO A LA SALVACIÓN ES AL MISMO TIEMPO A ESTAR REDENTORAMENTE EN MISIÓN CON DIOS EN NUESTRO MUNDO.

Dios, quien ahora reside en nosotros, ahora cada vez más se hace una parte de nuestro corazón por igual. Y el Espíritu, que también reside en nosotros, nos imparte su vida por igual, y esto siempre involucra la voluntad del Padre (Juan 16:13–15). Es imposible vivir íntimamente con Dios y no ser *"transformados de gloria en gloria en la misma imagen, como por el Espíritu del Señor"* (2 Corintios 3:18).

¿Cómo percibe usted que está en misión con Dios?

_____

_____

_____

_____

_____

Esto esencialmente nos pondrá en el corazón un peso que está en el corazón de Dios; y es que Dios no quiere *"que ninguno perezca, sino que todos procedan al arrepentimiento"* (2 Pedro 3:9). Dios, que envió a su Hijo unigénito al mundo para que por El nosotros pudiéramos ser salvados (Juan 3:16), también nos va a enviar al mundo para que otros, por medio de nosotros, puedan ser salvados (por nuestro testimonio de la gran salvación de Dios).

Esta verdad, para repetir, se ve en toda la Biblia, y en toda la historia toda persona que ha sido usada poderosamente testifica de esta realidad. Desde el momento de la salvación, viene sobre el nuevo creyente un hondo sentido de estar en misión con el Señor en su mundo. Algunos indican que en el momento de la salvación sintieron el llamado a la obra misionera, a la evangelización y a testificar. Esto es normal para todo creyente.

DESDE EL MOMENTO DE LA SALVACIÓN, VIENE SOBRE EL NUEVO CREYENTE UN HONDO SENTIDO DE ESTAR EN MISIÓN CON EL SEÑOR EN SU MUNDO.

En Filipenses 2:3–11, Pablo instó a los creyentes de la iglesia de Filipos: "*Haya, pues, en vosotros este sentir que hubo también en Cristo Jesús*" (v. 5), y luego mencionó específicamente lo que quería decir. Esperaba que Cristo fuera formado en ellos, así que les instó a permitirle que lo hiciera. Luego añadió:

> *... ocupaos en vuestra salvación con temor y temblor, porque Dios es el que en vosotros produce así el querer como el hacer, por su buena voluntad.*
>
> FILIPENSES 2:12-13

Lo que quería decir era que todo creyente debe permitir que las plenas implicaciones de su salvación se hagan prácticas en cada aspecto de su vida. Cada uno debe responder a Cristo como Señor sobre toda la vida, porque es ahora que El obra en la vida del creyente, haciéndole querer hacer su voluntad, y luego capacitándolo para que la haga. ¡Qué emocionante posibilidad para todo creyente!

Permítame ilustrar este proceso en una vida que tuve el privilegio de tocar como su pastor.

Gerry Taillon venía de un trasfondo católico romano. Era universitario en la ciudad de Canadá donde yo pastoreaba. Un amigo de Gerry, que se había convertido a Cristo y era miembro de nuestra iglesia, le ayudó a venir a Cristo. Desde el principio de su vida como creyente, Gerry vivió con un profundo sentido de llamado para estar en misión con su Salvador. A las pocas semanas vino al cuerpo de la iglesia llorando y diciendo: "Dios quiere que me ponga totalmente a su disposición. Hoy mismo le entrego mi vida para hacer lo que sea que haya que hacer. ¿Hay alguna necesidad que yo podría suplir?"

Esa semana yo había recibido una llamada urgente del pastor de una iglesia llamada First Nations en Cochin, Saskatchewan, expresando una necesidad de un maestro para la Escuela Dominical. (First Nations es el nombre preferido de los nativos canadienses.) Gerry entusiastamente accedió a conducir las 120 millas en cada sentido, todos los domingos. Lo hizo así por varios años, llevando consigo a otros compañeros para que le ayudaran. Entonces la salud del anciano pastor se quebrantó, y tuvo que volver a los EE.UU.

La congregación First Nations le pidió a Gerry que fuera su pastor. Su corazón de siervo respondió, y por varios años los pastoreó. Junto con su esposa, Connie, terminaron la universidad, y luego estudiaron en el Seminario Teológico Bautista Golden Gate. Mientras estudiaban allí llegó otra llamada urgente para alguien de trasfondo católico romano y francés, para anclar nuestra obra en Quebec, provincia francesa de tradición católica romana. De nuevo Gerry se puso totalmente a la disposición de Dios y respondió.

Gerry, Connie y sus tres hijos sirvieron fielmente en Montreal, Quebec, dando dirección a toda nuestra obra Bautista del Sur en esa necesitada provincia. Cuando la Convención Canadiense de Bautistas del Sur buscó a un nuevo director ejecutivo para su convención, miraron a Gerry. Ahora él sirve en ese papel con el corazón que Dios le ha dado para llevar el evangelio a toda persona de Canadá. La convención tiene algo así como 163 iglesias y misiones en Canadá, y bajo la dirección de Gerry ahora tienen el corazón para establecer 1,000 nuevas iglesias para el año 2020.

Por toda la Biblia y por toda la historia, las personas a quienes Dios ha usado poderosamente tienen el mismo patrón en su vida. Mi propia vida cristiana empezó con un hondo sentido de que Dios tenía algo en mente cuando me salvó (Juan 15:16).

> *No me elegisteis vosotros a mí, sino que yo os elegí a vosotros, y os he puesto para que vayáis y llevéis fruto, y vuestro fruto permanezca; para que todo lo que pidiereis al Padre en mi nombre, él os lo dé.*
>
> JUAN 15:16

En cualquier cosa que Dios me presentaba, yo respondía como su siervo. Empecé dirigiendo jóvenes. Al dirigirlos observaba por cualquier cosa que Dios quisiera hacer por medio de mi vida. Después una iglesia me pidió que fuera su director de música y educación. Nunca me pasó por la mente la idea de decir que no, porque sabía que el llamado a la salvación es al mismo tiempo un llamado a servir con Dios en mi mundo.

Dos años más tarde la misma iglesia me pidió que fuera su pastor. Lo hice y serví por cinco años. Más tarde algunas iglesias me pidieron que sea su director de misiones. Acepté y serví por seis años. Después la Junta de Misiones Domésticas [después Junta de Misiones Norteamericanas] me pidió que guíe a nuestra convención en la oración y en un despertamiento espiritual. Lo hice, así como con la Junta de Misiones Internacionales y LifeWay Christian Resources hasta abril del 2000.

PENSAMIENTO PARA EL DÍA

NO HAY NADA MÁS ASOMBROSO PARA EL NUEVO CREYENTE QUE SENTIR QUE EL DIOS DEL UNIVERSO LE HA LLAMADO A ESTAR EN MISIÓN CON EL EN SU MUNDO. ¡ESTÉ ANTE DIOS Y TIEMBLE!

¿Cómo ha obrado Dios su salvación en usted?

¿Cómo ha redimido Dios su vida para ponerle en posición de estar en misión con El?

_____

_____

_____

_____

_____

_____

_____

_____

_____

_____

DÍA 3
UN LLAMADO A MISIÓN

Todo creyente es llamado por Dios a la salvación, y en el mismo llamado está el llamado a estar en misión con Dios en nuestro mundo. Esto es lo que quiere decir ser llamado. Dios está procurando traer de regreso a Sí a un mundo perdido. Dios ama a toda persona y no quiere que ninguno perezca. Siempre ha estado obrando en nuestro mundo, para buscar y salvar a los perdidos. ¡Esto es lo que estaba haciendo cuando lo llamó a usted! A los que El salva los involucra como colaboradores consigo mismo en su propósito eterno de salvar a un mundo perdido.

Pero a cada líder sincero en toda generación sucesiva Pablo añade significativamente: *"He aquí ahora el tiempo aceptable; he aquí ahora el día de salvación"* (2 Corintios 6:2). En otras palabras, el momento de su llamado fue el momento en que Dios estaba obrando para redimir a su mundo. Fue el momento estratégico de Dios y de gracia hacia las personas a las que se predicaría el evangelio. Pablo sabía esto por experiencia propia, porque él vivía como "obrero con Dios." Dondequiera que Pablo trabajaba no sólo estaba invitado a "unirse a Dios," sino que le era dada la gracia capacitadora de Dios para que Dios lo usara para traer a multitudes a la salvación, tal como Dios lo había planeado.

Es estratégicamente importante que todo creyente entienda esto. Para cada creyente *"ahora el tiempo aceptable [el tiempo del favor de Dios] . . . ahora el día de salvación"* (2 Corintios 6:2). Este momento es el momento de Dios para cada persona, el tiempo para que Dios obre por medio de ella.

Dios le ha colocado en este momento estratégico para que ayude a su pueblo. ¿Cómo ha escogido Dios usar su vida entre su pueblo?

Veo esto desarrollándose día tras día en la vida de los gerentes de las corporaciones en los Estados Unidos. Tengo el maravilloso privilegio de "trabajar" con más de 120 de estas personas estratégicas, colocadas por Dios en el mundo corporativo de la nación ¡para tiempos como éstos! Dios está tocando profundamente las mentes y los corazones. Tienen un sentido interno de que Dios no sólo está obrando en ellos y alrededor de ellos, sino también de que Dios claramente quiere un mayor acceso para obrar por ellos los propósitos de su reino. Ellos están "buscando al Señor de todo corazón" tal como Dios lo había dicho. Están alistando su vida, su matrimonio, hogar y negocios para estar disponibles para Dios al máximo. Mes tras mes oímos cómo Dios está haciendo exactamente eso para sus propósitos en nuestros días.

Oigo el mismo patrón de actividad de Dios en colegiales en sus escuelas, en universitarios en sus planteles, y en muchas mujeres que están convencidas de que Dios está a punto de obrar un gran despertamiento en la nación por medio de mujeres entregadas totalmente a Dios. Creo que esto puede ser una parte vital de la estrategia de Dios para redimir a nuestro mundo en nuestros días.

Hay un repetido y amplio movimiento de Dios, haciendo que todo creyente perciba que su vida está en verdad "en misión con Dios" en este tiempo.

PENSAMIENTO PARA EL DÍA

DIOS ESTÁ VERDADERAMENTE EN MISIÓN CON SU PUEBLO EN NUESTROS DÍAS. ¡NO HAY SENTIDO DE QUE SÓLO UNOS POCOS SON LLAMADOS! TODOS SON LLAMADOS Y CADA CREYENTE DEBE ANDAR *"COMO ES DIGNO DE LA VOCACIÓN CON QUE FUISTEIS LLAMADOS"* (EFESIOS 4:1–3).

¿Qué oportunidad distintiva para servir a Dios ha enviado El a su vida?

_____

_____

_____

_____

_____

_____

_____

_____

_____

_____

DÍA 4
DIOS INICIA EL LLAMADO

En todo este proceso, Dios toma la iniciativa de acercarse a su pueblo y hacerle saber lo que está haciendo o a punto de hacer. Vino a Noé cuando estaba a punto de juzgar al mundo con un diluvio. Si Dios no hubiera venido a él, Noé no podría haber sabido lo que estaba a punto de suceder. Pero Noé lo supo porque Dios quería realizar su propósito por intermedio de Noé. Así que Dios le asignó a Noé una tarea, y Noé respondió como colaborador de Dios.

Cuando Dios estaba a punto de libertar a millones de su pueblo de la esclavitud en Egipto, tomó la iniciativa de venir a Moisés, y hacerle saber lo que estaba a punto de hacer. Esta revelación de Dios fue la invitación de Dios a Moisés a que trabajara con El para realizar sus propósitos con su pueblo. Dios vino de esta manera a cada uno de los profetas.

A los discípulos Jesús dijo: *"No me elegisteis vosotros a mí, sino que yo os elegí a vosotros, y os he puesto para que vayáis y llevéis fruto, y vuestro fruto permanezca; para que todo lo que pidiereis al Padre en mi nombre, él os lo dé"* (Juan 15:16). En el apóstol Pablo y en el pueblo de Dios en toda la historia, se halla este patrón cada vez que Dios está a punto de hacer una gran obra en nuestro mundo, ¡y todavía es cierto! ¡Es cierto hoy mismo también en su vida!

Este llamado de Dios siempre incluirá algún tipo de ajuste serio en su vida, a fin de que sea la persona que Dios puede usar para realizar sus propósitos. Moisés tuvo que dejar de pastorear ovejas. David no podía seguir haciendo lo que había estado haciendo y ser rey al mismo tiempo. Los discípulos de Jesús no podían continuar pescando e ir con Jesús al mismo tiempo. En nuestros días, cuando abogados, médicos, maestros, camioneros, vendedores, enfermeras o banqueros se convierten a Cristo, le responden a El como Señor sobre toda su vida, y así El puede realizar sus planes por medio de su pueblo.

¿Qué ajustes serios está haciendo Dios en su vida para que usted pueda rendir el máximo fruto?

_____

_____

_____

_____

_____

_____

_____

_____

Dios puede dejar a los creyentes en su presente vocación o cargo profesional. Sin embargo, no será "como si nada," o como lo hace el mundo que los rodea. Se darán cuenta cabal de que han sido "comprados por precio," y por tanto deben, en todo momento y todo lugar, asegurarse de que glorifican a Dios en el cuerpo y en el alma, que son de Dios (1 Corintios 6:19–20). Puesto que Dios mora plenamente en ellos, todo lugar que pisan es tierra santa, porque Dios está presente en ellos. Eso hace su lugar de trabajo un lugar donde Dios puede realizar sus propósitos eternos por medio de ellos ¡allí mismo! El aula se vuelve un "lugar de trabajo para Dios" para el llamado a ser maestro. El taller es el lugar de Dios para la evangelización para el mecánico. El consultorio del médico o la sala de operaciones se vuelve el lugar de trabajo para Dios para el médico o la enfermera. La oficina del abogado o la corte para el abogado o el juez, y las dependencias del gobierno para el congresista, el alcalde o el funcionario público, todo se vuelve el lugar de trabajo para Dios. Pero la decisión, la arena de actividad que Dios escoge para cada creyente, depende por entero de Dios. Alguien lo ha dicho muy bien: "La orden de Dios es ir. Tendremos que pedirle permiso para quedarnos en casa." Esto es cierto.

LA ARENA DE ACTIVIDAD QUE DIOS ESCOGE PARA CADA CREYENTE DEPENDE POR ENTERO DE DIOS.

Uno de los más grandes desarrollos de hoy es el tremendo número de misioneros voluntarios que están dejándolo todo y siguiendo a Jesús, por todos los Estados Unidos y por todo el mundo. Maestros están yendo a China para que nuestro Señor pueda alcanzar a los chinos por medio de ellos. Hombres y mujeres de negocios están poniendo su vida a disposición de Dios mediante sus conexiones de negocios por todo el mundo para que Cristo pueda traer a Sí mismo a los perdidos que no prestarían atención de ninguna otra manera. Decenas de miles de voluntarios están yendo por todo el mundo cada año con un hondo sentido de estar en misión con el Señor. ¡Qué diferencia está haciendo esto en nuestra generación!

Una médico joven hace poco dio los primeros años de su profesión para ir y trabajar en Yemen, mientras su esposo servía como maestro en una escuela. Nunca volverán a ser los mismos, y la gente ha oído el evangelio, que de otra manera no habría oído. El llamado a la salvación es un llamado para ir en misión con nuestro Señor en nuestro mundo.

Pero ninguno ha ido sin tener que hacer ajustes serios en su vida. Algunos han dejado atrás lucrativas profesiones de médicos o abogados; otros han tenido que dejar padres envejecientes; otros han tenido que arriesgar su salud y sus hijos; y otros más han tenido que aprender nuevos idiomas y adaptarse a costumbres y culturas extrañas. Pero Dios ha escogido alcanzar a un mundo perdido por medio de los que El llama para que lleguen a ser sus hijos mediante la fe en su Hijo. Tal amor es lo que Dios cuenta que nos moverá a ir con El a nuestro mundo perdido.

A LO QUE SEA QUE DIOS INICIA EN LA VIDA DEL CREYENTE, DIOS ESPERA UN INMEDIATO "¡SÍ, SEÑOR! CUANDO LOS CREYENTES SE PONEN A DISPOSICIÓN DE DIOS, DIOS PUEDE OBRAR POR MEDIO DE ELLOS Y REALIZAR SU OBRA (JUAN 12:24–26).

¿A qué misión le está llamando Dios?

DÍA 5
UN LLAMADO A OBEDIENCIA

Si todo creyente pensara con cuidado en su relación personal presente con Dios, se daría cuenta que su más grande reto no es no saber la voluntad de Dios, sino más bien que *la sabe* ¡pero no está dispuesto a obedecerle! Ni Dios ni la historia espera la respuesta del creyente al llamado de Dios y el reclamo de Dios en su vida.

PARA MUCHOS EL MÁS GRANDE RETO NO ES NO SABER LA VOLUNTAD DE DIOS, SINO MÁS BIEN QUE *LA SABEN* ¡PERO NO ESTÁN DISPUESTOS A OBEDECERLE!

El llamado de Dios requiere sólo una respuesta de todo creyente: ¡**obediencia**! Una vez que usted, como hijo o hija de Dios, sabe la iniciativa de Dios en su vida, de inmediato y sin resistencia o discusión debe responder obedientemente a todo lo que Dios le está dirigiendo. Sólo entonces experimentará que Dios obra poderosamente por medio de su vida.

Esto fue cierto en la vida de Hudson Taylor. Se preparaba para ser médico. Cuando Dios le dijo de manera inconfundiblemente claro que quería alcanzar con el evangelio a los pueblos del interior de China por medio de la vida de Taylor, la obediencia fue todo lo que le quedó. Fue obediente, y Dios en efecto alcanzó a cientos de miles, incluso millones, de preciosos chinos mediante la vida de Hudson Taylor y los que Dios llevaría a su lado para predicar, enseñar y sanar en China.

Es más, un llamado de Dios siempre incluye a la persona en la vida corporativa del pueblo de Dios. El llamado de Dios a Abram incluyó a todo el pueblo de Dios que vendría después de Abram. El llamado de Dios a Moisés incluyó directamente los propósitos de Dios en la vida de Israel, su pueblo. El llamado de Dios a Josué, o a los jueces, o a Samuel, David, los profetas, los discípulos o Pablo, a todos ellos el llamado los llevó a plena mitad de lo que Dios había propuesto hacer por medio de sus vidas como su pueblo.

¿Qué tarea le ha asignado Dios en su iglesia local?

_____

_____

_____

_____

En el Nuevo Testamento, la obra redentora de Dios debía tener lugar mediante la vida de su pueblo que funciona unido en la iglesia local. Mediante estas iglesias, Dios llevaría su gran salvación hasta los fines de la tierra, a "toda persona." Todo creyente debería esperar que Dios lo va a incluir dinámicamente en su iglesia local. Dios, entonces, tal como lo hizo en el Nuevo Testamento, incluirá a toda iglesia en la vida de otras iglesias hermanas que El ha establecido en su reino. Esto involucrará a toda iglesia también con iglesias de otras denominaciones.

El llamado de Dios siempre es un llamado a todo el mundo, por medio de todo su pueblo ¡en todas partes!

PENSAMIENTO PARA EL DÍA

¡LA OBEDIENCIA SIEMPRE ES CLAVE PARA EXPERIMENTAR UNA VIDA EN MISIÓN CON DIOS EN NUESTRO MUNDO!

¿Hay algún aspecto de su vida en el que Dios le está llamando a la obediencia pero que usted todavía no ha respondido? Si es así, explique.

_____

_____

_____

_____

_____

_____

_____

EL LLAMADO DE DIOS
MATT Y DONNA

¿POR QUÉ NO VAS TÚ?

Matt y Donna eran "buenos cristianos." Criados por padres que amaban a Jesús, ambos recibieron a Cristo como Salvador a tierna edad. Sus iglesias les ayudaron a crecer en la fe. Se conocieron cuando estudiaban en la universidad ciencia de computadores, y con el tiempo decidieron que Dios quería que vivieran juntos el resto de sus vidas.

Después de casarse se dedicaron a sus carreras y a tener una familia. Con cuatro hijos, y una carrera que avanzaba, Matt y Donna se hallaban en pleno estilo de vida suburbana de los Estados Unidos.

Durante una conferencia misionera en su iglesia, Dios empezó a hablarles a ambos. Oyeron que 1.7 mil millones de personas del mundo tienen escasa o ninguna oportunidad de oír de Jesucristo. Descubrieron que su denominación de 16 millones de miembros tiene nada más que 5,000 misioneros internacionales. Donna se preguntaba: *Con tantas personas que necesitan el evangelio, y tan pocos misioneros, ¿por qué no hay más personas dispuestas a ir?* Dios le respondió fuerte y claramente: "¿Por qué no vas tú?"

Nunca se le había ocurrido a Matt que Dios quería que él fuera. Aunque participaba activamente en la iglesia, nunca había considerado que Dios quería incluirlo en su plan para alcanzar al mundo. Matt estaba concentrado en el ascenso corporativo. Aparte de su actividad en la iglesia, estaba muy atareado acumulando fondos para su jubilación, haciendo planes para ampliar su casa, escogiendo un nuevo vehículo todo terreno, y enviando a sus hijos a las mejores escuelas disponibles. Las misiones no estaban en su fórmula para el éxito. Pero de súbito Dios le reveló a Matt que había personas en el mundo que eran más importantes que sus planes y sus asuntos.

Matt y Donna le dijeron a Dios: "¡Estamos dispuestos a ir!" Cuando pusieron sus vidas a disposición de Dios, descubrieron que había una gran necesidad en el campo misionero para los que tienen experiencia en ciencia de computadores. Hoy sirven en el oriente de Asia como misioneros, usando sus talentos administrativos y técnicos para proclamar a Jesucristo a los que nunca han oído de El.

EL LLAMADO DE DIOS

UNIDAD 3

¿QUIÉNES SON LOS LLAMADOS?

UNIDAD 3
¿QUIÉNES SON LOS LLAMADOS?

VERDAD ESENCIAL PARA LA SEMANA

Todo creyente es llamado a andar *"como es digno de la vocación con que fuisteis llamados"* (Efesios 4:1–3).

Efesios 4:1—*Yo pues, preso en el Señor, os ruego que andéis como es digno de la vocación con que fuisteis llamados,*

Efesios 4:2—*con toda humildad y mansedumbre, soportándoos con paciencia los unos a los otros en amor,*

Efesios 4:3—*solícitos en guardar la unidad del Espíritu en el vínculo de la paz …*

El llamado de Dios
Charles Beaty

"No se nos promete un mañana"

"¿A quién enviaré, y quién irá por nosotros?" Charles y Christy Beaty oyeron el llamado de Dios en 1994, y su respuesta fue: "Heme aquí, envíame a mí." Un año después, los Beaty se hallaban en el norte de Africa como misioneros de carrera con la Junta de Misiones Internacionales.

No se habían criado soñando con ser misioneros. Charles y Christy estaban dedicados a su negocio de seguros, establecidos en Kansas City, Kansas, y criando a su familia. Sin embargo, respondieron al llamado de Dios, creyendo que hay personas que no tienen acceso, o tienen escaso acceso, al evangelio y que necesitan oír el mensaje de que Jesucristo es el Señor.

Después de servir dos años en el norte de Africa, Charles y Christy recibieron noticias devastadoras. Charles, de 30 años, tenía adenocarcinoma en los pulmones, que es una forma muy grave de cáncer. Charles batalló por varios años, pero cuando tenía apenas 34 años, los médicos le dijeron que moriría en pocos meses.

Charles decidió pasar los meses finales de su vida movilizando a los creyentes para alcanzar para Cristo a un mundo perdido y moribundo. Sus palabras son un reto para que respondamos ahora al llamado de Dios: *"¿Está el Señor llamándole hoy para que vaya, que vaya a los que no tienen voz? Mi reto para usted es que vaya, y no espere, porque no se nos promete un mañana."*

Cuando se le preguntó cómo quería que se le recordara, Charles dijo: *"Quiero que piensen en los pueblos de Africa del Norte que sin Cristo morirán e irán a la eternidad sin esperanza. Quiero que piensen: 'Voy a ir y a invertir mi vida para Jesús.'"*

Charles Stuart Beaty murió el 2 de octubre del 2001, pero su vida continúa recordándonos que debemos aprovechar al máximo toda oportunidad de proclamar a Cristo a un mundo perdido.

* Las citas de Charles Beaty se usan con permiso de la International Mission Board. Para más información visite www.tconline.org.

Día 1
Todos son llamados

Usted tal vez esté preguntándose: "Pero, ¿quiénes son los llamados? ¿Hay algún grupo especial de personas? ¿Qué en cuanto a mi vida? ¿Soy yo también llamado? ¿Cómo lo sé? ¿Cómo sonaría el llamado?"

Tal vez sinceramente su corazón esté diciendo: "Señor, ¡te amo! ¡te pertenezco! Soy tu siervo, y verdaderamente quiero servirte. Pero, Señor, ¿en realidad soy llamado a ir en misión contigo en mi mundo? Señor, simplemente, ¿quiénes son los llamados?"

Desdichadamente nuestra "cultura cristiana" no siempre ha sido completamente bíblica. Es decir, hemos hecho una diferencia entre clérigos y laicos, y así hemos hecho una diferencia entre los especialmente llamados y el creyente común. **¡Todos son llamados!** Las diferencias no están en si somos llamados o no, sino en la naturaleza de la tarea que Dios asigna. Pero todo creyente es llamado por Dios, ¡para que El sea libre para realizar sus propósitos en ellos y por medio de ellos!

Veamos brevemente algunos pasajes bíblicos que nos aseguran que todo creyente es llamado. En Exodo 19, cuando Dios formó a una nación especial por la cual iba a dar salvación a todo el mundo, dijo:

> *Vosotros visteis lo que hice a los egipcios, y cómo os tomé sobre alas de águilas, y os he traído a mí. Ahora, pues, si diereis oído a mi voz, y guardareis mi pacto, vosotros seréis mi especial tesoro sobre todos los*

DESDICHADAMENTE, ASÍ COMO HEMOS HECHO UNA DIFERENCIA ENTRE CLÉRIGOS Y LAICOS, HEMOS HECHO UNA DIFERENCIA ENTRE LOS ESPECIALMENTE LLAMADOS Y EL CREYENTE COMÚN. ¡TODOS SON LLAMADOS!

> *pueblos; porque mía es toda la tierra. Y vosotros me seréis un reino de sacerdotes, y gente santa. Estas son las palabras que dirás a los hijos de Israel.*
>
> ÉXODUS 19:4-6

Lea los pasajes bíblicos de Éxodo, 1 Pedro y Hechos que constan en los recuadros grises. Exprese lo que significa para usted ser parte de un "reino de sacerdotes."

_____

_____

_____

_____

_____

_____

_____

_____

_____

_____

Dios dijo que serían un reino de sacerdotes, y no un reino con un sacerdocio. Cada uno de ellos sería un sacerdote ante Dios. Los levitas serían los designados para entrenar y equipar a la nación entera para que anduvieran con Dios como sacerdotes, para que Él pudiera realizar sus propósitos de salvar por medio de ellos a las naciones del mundo. Esta misma verdad se afirma en el Nuevo Testamento.

> *... vosotros también, como piedras vivas, sed edificados como casa espiritual y sacerdocio santo, para ofrecer sacrificios espirituales aceptables a Dios por medio de Jesucristo. . . . Mas vosotros sois linaje escogido, real sacerdocio, nación santa, pueblo adquirido por Dios, para que anunciéis las virtudes de aquel que os llamó de las tinieblas a su luz admirable; vosotros que en otro tiempo no erais pueblo, pero que ahora sois pueblo de Dios; que en otro tiempo no habíais alcanzado misericordia, pero ahora habéis alcanzado misericordia.*
>
> 1 PEDRO 2:5, 9–10

Todo creyente es llamado por Dios y debe funcionar delante de Dios, y delante de un mundo que observa, como sacerdote de Dios. Dios, por tanto, prometió que capacitaría a todo creyente para que funcionara de esta manera, fortaleciéndole con la presencia del Espíritu Santo. En Pentecostés, Dios cumplió esa promesa, y Pedro anunció a un mundo profundamente afectado:

> *Mas esto es lo dicho por el profeta Joel:*
> *Y en los postreros días, dice Dios,*
> *Derramaré de mi Espíritu sobre toda carne,*
> *Y vuestros hijos y vuestras hijas profetizarán;*
> *Vuestros jóvenes verán visiones,*
> *Y vuestros ancianos soñarán sueños;*
> *Y de cierto sobre mis siervos y sobre mis siervas en*
> *   aquellos días*
> *Derramaré de mi Espíritu, y profetizarán.*
> HECHOS 2:16–18

DIOS PLANEÓ ETERNAMENTE
QUE TODO CREYENTE ESTÉ
ESPIRITUALMENTE EQUIPADO
TANTO PARA CONOCER COMO
PARA HACER LA VOLUNTAD DE
DIOS, QUE EL LE REVELARÍA A
CADA UNO.

Este pasaje bíblico indica obviamente que Dios planeó eternamente que todo creyente esté espiritualmente equipado tanto para conocer como para hacer la voluntad de Dios, que El le revelaría a cada uno. Dios no quería que nadie funcione por sí solo, sino con el resto del pueblo de Dios. El libro de Hechos registra cómo Dios realizó sus propósitos por medio de su pueblo. Es muy emocionante darse cuenta de que esto es lo que Dios propone para cada uno de nosotros hoy. Cada creyente es salvado, fortalecido por la presencia de Dios y luego incorporado al pueblo de Dios, en donde Dios singularmente hace su obra por medio de ellos.

PENSAMIENTO PARA EL DÍA

NUNCA PIERDA EL ASOMBRO Y LA ADMIRACIÓN HACIA LOS PROPÓSITOS DE DIOS, PUES ESTÁN REALIZÁNDOSE, PRIMERO EN USTED, Y LUEGO POR MEDIO DE USTED, PARA LA GLORIA DE DIOS.

¿Cómo describiría usted el llamado de Dios?

DÍA 2
LO COMPLETO DEL LLAMADO

Note la extensión y lo completo del llamado de Dios y de cómo Dios equipa a toda persona: hijos, hijas, jóvenes y viejos. Esto incluye también su vida.

Es también interesante y alentador darse cuenta de que por toda la Biblia la mayoría de las personas a quienes Dios llama y por medio de las que obra poderosamente son los que hoy llamaríamos *todo creyente*. Fueron personas muy comunes llamadas y capacitadas por Dios para trabajar con El en su mundo. Sus capacidades y habilidades no fueron tan importantes como lo fue su relación personal con Dios. Su relación de corazón de amor y confianza en Dios siempre determinó cuánto pudo Dios hacer por medio de ellos.

David fue un pastor de ovejas (véase Salmo 78:70–72), y Dios lo escogió para una tarea especial, en la que Dios guiaría a su pueblo por medio de él.

Según la Biblia, Amós dijo:

> *No soy profeta, ni soy hijo de profeta, sino que soy boyero, y recojo higos silvestres. Y Jehová me tomó de detrás del ganado, y me dijo: Vé y profetiza a mi pueblo Israel.*
>
> Amos 7:14–15

Pedro fue un pescador, y todos los demás fueron lo que nosotros llamaríamos "simplemente personas ordinarias," hasta que Dios les asignó papeles en su reino en donde El iba a obrar poderosamente por medio de ellos para realizar sus

SUS CAPACIDADES Y HABILIDADES NO FUERON TAN IMPORTANTES COMO SU RELACIÓN CON DIOS.

Eligió a David su siervo,
Y lo tomó de las majadas de las ovejas;
De tras las paridas lo trajo,
Para que apacentase a Jacob su pueblo,
Y a Israel su heredad.
Y los apacentó conforme a la integridad de su corazón,
Los pastoreó con la pericia de sus manos.
SALMO 78:70–72

propósitos. Esto ha continuado siendo la manera de Dios hasta este mismo día. Observé a Dios hacer esto por más de 30 años mientras servía como pastor entre el pueblo común de Dios.

¿Cuán ordinaria es su vida comparada con la tarea especial que Dios le ha asignado?

_____

_____

_____

_____

_____

_____

_____

_____

_____

_____

Recuerdo a Arthur y Marion. Frisaban los 70 cuando vinieron a verme como su pastor. Sentían que Dios quería usarlos para empezar una iglesia en una comunidad rusa. Arthur había sido contador público toda su vida. Había sido diácono, y Marion había servido fielmente a su lado. Ahora Dios les estaba pidiendo en la jubilación que se pusieran a su disposición para los propósitos divinos más amplios.

Arthur tomó 16 cursos en el departamento de extensión del seminario y recibió su certificado en ministerios pastorales en preparación para servir como pastor de la nueva iglesia. Sirvieron por seis años, ganando veintenas de personas para el Señor en una de las comunidades más difíciles de nuestros contornos. Lo ordenamos al ministerio a los 76 años. Ese año también enseñó a hombres más jóvenes en nuestra universidad teológica en asuntos de contabilidad y finanzas. Ese mismo año murió de cáncer, creyendo que los mejores años de su vida fueron los últimos, cuando Dios obró por medio de él y su esposa para ganar a un mundo perdido. Fueron simplemente creyentes ordinarios, disponibles para que Dios obrara por medio de ellos.

Alex trabajaba en una acería pero Dios también le pidió que iniciara iglesias. Alex y Eileen pusieron su vida a disposición de Dios, y Dios los usó maravillosamente para empezar una iglesia en una comunidad necesitada.

Melvin trabajó por 26 años en Sears. Su esposa era auxiliar en enfermera. Cuando frisaban más de 50 años sintieron que Dios quería usarlos los próximos años de su vida en la obra misionera. Se ofrecieron como voluntarios para servir como padres de dormitorios para hijos de misioneros en Zambia. Los aceptaron y pasaron los siguientes ocho años construyendo la residencia y atendiendo a los niños. Melvin también dirigió un exitoso curso bíblico por correspondencia que matriculó a más de 100,000 personas, y miles de ellas llegaron a conocer a Cristo como su Salvador.

Todos estos ejemplos son de personas comunes que sabían que Dios tiene el derecho de usar su vida en el momento y el lugar que le plazca. Simplemente respondieron al llamado de Dios.

Pensamiento para el día

¡Dios no deja cabos sueltos en su plan eterno! Cuando Él toca su vida, eso es parte de una estrategia completa y exhaustiva, y la respuesta de toda persona (incluso usted) es vital para *el cuadro más grande*.

¿Está Dios indicándole un cambio de dirección? Si es así, anote unas cuantas cosas que le dan evidencia de la dirección de Dios. Si no ha recibido un cambio de dirección, ¿de qué manera está Dios afirmando lo que ya le ha llamado a hacer?

_____

_____

_____

_____

_____

_____

_____

_____

Día 3
Jesús equipa a los llamados

Usted tal vez esté pensando que no está equipado para hacer esto. Recuerde que en Juan 17 Jesús nos reveló que el Padre le dio a Jesús nuestras vidas para que El las desarrolle y nos enseñe. ¿Con qué propósito? Para hacernos instrumentos útiles que su Padre pueda usar para salvar a un mundo perdido y que se muere. En esa significativa oración Jesús le dijo al Padre:

> *Yo te he glorificado en la tierra; he acabado la obra que me diste que hiciese. . . . He manifestado tu nombre a los hombres que del mundo me diste; tuyos eran, y me los diste, y han guardado tu palabra. Ahora han conocido que todas las cosas que me has dado, proceden de ti; porque las palabras que me diste, les he dado; y ellos las recibieron, y han conocido verdaderamente que salí de ti, y han creído que tú me enviaste. . . . La gloria que me diste, yo les he dado, para que sean uno, así como nosotros somos uno. Yo en ellos, y tú en mí, para que sean perfectos en unidad, para que el mundo conozca que tú me enviaste, y que los has amado a ellos como también a mí me has amado.*
>
> Juan 17:4, 6-8, 22-23

Cuando Jesús llamó a sus primeros discípulos, les aseguró que era responsable por sus vidas al decirles: "*Venid en pos de mí, y haré que seáis pescadores de hombres*" (Marcos 1:17). Otra vez les dijo: "*Y esta es la voluntad del Padre, el que me envió: Que de todo lo que me diere, no pierda yo nada, sino que lo resucite en el día postrero*" (Juan 6:39). Todos los Evangelios relatan cómo Jesús les enseñó, entrenó, guió, alentó, dio poder y equipó por completo a sus discípulos para todo lo que Dios tenía en mente hacer por medio de ellos.

¿Cómo ha hecho Jesús lo siguiente?

le ha enseñado

_____

_____

le ha entrenado

_____

_____

le ha guiado

_____

_____

le ha alentado

_____

_____

le ha dado poder

_____

_____

le ha equipado

_____

_____

Juan 17 revela cuán completamente Jesús los preparó para su misión en su mundo. La vida de usted y la mía están incluidas en esa misma oración en Juan 17.

Jesús dijo: "*Mas no ruego solamente por éstos, sino también por los que han de creer en mí por la palabra de ellos*" (Juan 17:20). Así que usted no necesita preocuparse pensando que no está preparado para que Dios lo use. Nuestro Señor vivo ha aceptado su vida de manos del Padre, y está obrando para "hacer que usted llegue a ser" todo lo que Dios quiere que usted sea.

NUESTRO SEÑOR VIVO HA ACEPTADO SU VIDA DE MANOS DEL PADRE, Y ESTÁ OBRANDO PARA "HACER QUE USTED LLEGUE A SER" TODO LO QUE DIOS QUIERE QUE USTED SEA.

PENSAMIENTO PARA EL DÍA

NINGÚN CREYENTE DEBERÍA PERMITIR QUE EL MIEDO AL FRACASO LE IMPIDA RESPONDER PLENAMENTE AL LLAMADO DE DIOS. TODO LO QUE SE NECESITA PARA LA VIDA Y LA SANTIDAD HA SIDO PROVISTO Y ESTÁ OBRANDO DE INMEDIATO EN CADA VIDA QUE OBEDECE EL LLAMADO DE DIOS:

"GRACIA Y PAZ OS SEAN MULTIPLICADAS, EN EL CONOCIMIENTO DE DIOS Y DE NUESTRO SEÑOR JESÚS. COMO TODAS LAS COSAS QUE PERTENECEN A LA VIDA Y A LA PIEDAD NOS HAN SIDO DADAS POR SU DIVINO PODER, MEDIANTE EL CONOCIMIENTO DE AQUEL QUE NOS LLAMÓ POR SU GLORIA Y EXCELENCIA, POR MEDIO DE LAS CUALES NOS HA DADO PRECIOSAS Y GRANDÍSIMAS PROMESAS, PARA QUE POR ELLAS LLEGASEIS A SER PARTICIPANTES DE LA NATURALEZA DIVINA, HABIENDO HUIDO DE LA CORRUPCIÓN QUE HAY EN EL MUNDO A CAUSA DE LA CONCUPISCENCIA ..."
—2 PEDRO 1:2-4

¿Cómo le ha equipado y entrenado Cristo?

_____

_____

_____

_____

Día 4
¡Usted es importante para Dios!

¡Cada uno de nosotros es importante para Dios! Somos personas comunes que amamos a Dios de todo corazón, y que sabemos que el llamado a la salvación es también un llamado a ser colaboradores con Dios en nuestro mundo. Al responder al llamado de Dios y someternos a El, El realiza poderosamente por medio de nuestras vidas su propósito de salvar a un mundo perdido. Dios busca a los que están dispuestos a ponerse en la brecha delante de El "a favor de la tierra."

DIOS BUSCA A LOS QUE ESTÁN DISPUESTOS A PONERSE EN LA BRECHA DELANTE DE EL "A FAVOR DE LA TIERRA."

> *Y busqué entre ellos hombre que hiciese vallado y que se pusiese en la brecha delante de mí, a favor de la tierra, para que yo no la destruyese; y no lo hallé. Por tanto, derramé sobre ellos mi ira; con el ardor de mi ira los consumí; hice volver el camino de ellos sobre su propia cabeza, dice Jehová el Señor.*
> EZEQUIEL 22:30-31

Si El no puede hallar a una persona que se ponga *"en la brecha,"* la tierra y el pueblo serán destruidos. Pero cuando Dios halla a alguien que vaya por nosotros, puede salvar a multitudes.

Cuando Jonás finalmente obedeció la tarea que Dios le había asignado de llevar su mensaje a los pobladores de la gran ciudad de Nínive, el rey y todo el pueblo respondieron con arrepentimiento inmediato y genuino, y la ciudad entera fue salvada. Esto era el corazón de Dios, y esperaba en la obediencia de un hijo común de Dios. Siempre debemos preguntarnos: "¿Qué habría pasado si yo hubiera respondido de inmediato a la invitación de Dios para unirme a El, y a su corazón, por los perdidos?"

Ester era una mujer muy común, pero *"para esta hora has llegado al reino"* (Ester 4:13–14). Su respuesta fue esencial para el corazón de Dios por su pueblo. Su vida y su destino colgaban en la balanza, y en las manos de Ester. Ella literalmente arriesgó la vida, pero Dios obró por medio de ella para salvar a su pueblo. Sabemos de su vida y de su obra aún ahora. Muchas mujeres fueron igual de esenciales.

Ana daría a luz al gran profeta y juez Samuel. Débora salvó de sus enemigos al pueblo de Dios (Jueces 4, 5). Elisabet y María se pusieron a la disposición de Dios para dar a luz a Juan el Bautista y a Jesús. Dios usó grandemente a María Magdalena, un día a la vez, para ministrar a Jesús y a sus discípulos, y por tanto Dios la honró grandemente.

¿Puede usted invocar al Señor y decirle lo que le dijo Isaías?

> *Después oí la voz del Señor, que decía: ¿A quién enviaré, y quién irá por nosotros? Entonces respondí yo: Heme aquí, envíame a mí.*
>
> ISAÍAS 6:8

Y darse cuenta de que,

> *... los ojos de Jehová contemplan toda la tierra, para mostrar su poder a favor de los que tienen corazón perfecto para con él.*
>
> 2 CRÓNICAS 16:9

Entonces dijo Mardoqueo que respondiesen a Ester: No pienses que escaparás en la casa del rey más que cualquier otro judío. Porque si callas absolutamente en este tiempo, respiro y liberación vendrá de alguna otra parte para los judíos; mas tú y la casa de tu padre pereceréis. ¿Y quién sabe si para esta hora has llegado al reino?
ESTER 4:13–14

Tan hondo es el amor de Dios por nuestro mundo perdido que el Espíritu de Dios "*es el que en vosotros produce así el querer como el hacer, por su buena voluntad.*" (Filipenses 2:13).

¿Qué le ha puesto Dios en su corazón que exige una respuesta inmediata?

_____

_____

_____

_____

_____

_____

_____

_____

_____

_____

Gerry y Brenda Wortman se habían casado recientemente. Gerry acababa de convertirse a Cristo. Al estudiar la Biblia, tratando de ser fieles, se dieron cuenta de que debían prepararse y estar a disposición de Dios todo lo posible. Eso fue lo que la Biblia les reveló. Empezaron a asistir a la universidad teológica que habíamos establecido en nuestra iglesia, para adquirir algún conocimiento básico de Dios y su Palabra. Mientras estudiaban, Dios vio su corazón, y mediante algunas circunstancias nada usuales les llevó a responder a una reservación de First Nations en Canadá para enseñar la Biblia. Para cuando terminaron su curso de tres años, Dios les había dado un corazón por los nativos y la habilidad especial para capacitarlos para ministrar a ese pueblo.

Dios alcanzó a muchos por medio de Gerry y Brenda. Más tarde fue llamado a pastorear una iglesia para la gente de First Nations y después a un cargo para dirigir ministerios para First Nations para todo Canadá. Al presente Gerry es pastor de una iglesia en Saskatchewan, y por supuesto la iglesia tiene varios ministerios para pueblos de First Nations. ¡Gerry y Brenda también han adoptado a cuatro niños de First Nations!

Dos vidas fueron llamadas a la salvación, y se dieron cuenta de que el llamado a salvación es un llamado a estar plenamente disponibles para el propósito de Dios de ganar a un mundo perdido, dondequiera que El escoja enviarlos: ¡Qué diferencia han hecho! Y ese sentido de propósito ha cautivado sus vidas.

PENSAMIENTO PARA EL DÍA

USTED NUNCA PUEDE CALCULAR POR COMPLETO EL VALOR DE SU VIDA PARA DIOS. PARA DIOS ¡LA ETERNIDAD ESTÁ EN JUEGO! SU OBEDIENCIA PONE EN LIBERTAD LA PLENITUD DE DIOS PARA REALIZAR SU PROPÓSITO DE REDIMIR A UN MUNDO PERDIDO E INCLUSO INAUGURAR LA ETERNIDAD EN SU PLENITUD DEL TIEMPO.

¿Percibe usted que el Espíritu de Dios está obrando en su vida, haciéndole querer hacer su voluntad y prometiendo ayudarle a hacer su voluntad? ¿Cómo lo describiría?

Día 5
Hacer un inventario espiritual

Ahora es el momento apropiado para lo que yo llamo "hacer un inventario espiritual." El inventario se halla en las páginas 71–72, y se le pide que lo llene al finalizar el estudio de hoy. El inventario le ayudará a evaluar cómo le está yendo, a la luz de todos los pasajes bíblicos que usted con sinceridad ha buscado con el Espíritu Santo como su maestro.

¡Un inventario así es necesario para el creyente sincero! También a menudo los creyentes quieren tener, por ejemplo, la "fe de Abraham." Lo que no se dan cuenta es que a Dios le llevó 40 años cultivar el carácter de Abraham al punto en que él pudiera responder de inmediato al mandamiento de Dios para ofrecer a su único hijo, Isaac, como "sacrificio a Dios." Durante todos esos años de desarrollo Dios a menudo revisó su pacto con Abraham, que se halla en Génesis 12:1–4. También hizo que Moisés fuera constantemente a su presencia para recordarle a Moisés a andar con El. Lo hizo igual con David, y en el Salmo 51 vemos los cambios serios que David tuvo que hacer para que le restaurara "el gozo de tu salvación" (v. 12). Jesús tuvo que llamar a sus discípulos constantemente aparte para explicarles cómo su continua falta de fe afectaba su relación con El.

Dios debe llevarnos a cada uno de nosotros aparte regularmente, para recordarnos su llamado en nuestra vida, hacernos recordar todo lo que El nos ha dicho (Juan 14:26) y ayudarnos a ver cómo estamos respondiendo a su moldeo y guía en nuestra vida.

¡El inventario espiritual tiene que hacerse en la presencia de Dios! Sólo El tiene señorío en nuestras vidas. Sólo a El rendimos cuentas. Por consiguiente, es ante El y en su presencia que debemos ponernos para hacer una evaluación espiritual, hecha por Dios. Usted tal vez perciba que le está diciendo: "Bien, buen siervo y fiel. Has sido fiel en lo poco, y ahora puedo darte más." O, tal vez usted perciba que Dios está afligido, y está exclamando: "¿Por qué sigues llamándome '¡Señor, Señor!' y sin embargo no haces nada de lo que digo?"

Pablo les aseguró a los creyentes que podrían estar cara a cara con Dios, "sin velo" entre ellos y Dios. Pero dijo que cuando estén cara a cara con Dios serían *transformados de gloria en gloria en la misma imagen* de Cristo (2 Corintios 3:18). Cuando el creyente esta frente a frente con Dios, Dios automáticamente hace un "inventario": ¡la imagen de Cristo! Este comparecer ante Dios sucede cuando nosotros, con honradez transparente, nos ponemos ante *el lavamiento del agua por la palabra* (Efesios 5:26–27). La lectura y el estudio regular de la Palabra de Dios son *imperativos* para todo creyente.

Pero Jehová había dicho a Abram: Vete de tu tierra y de tu parentela, y de la casa de tu padre, a la tierra que te mostraré. Y haré de ti una nación grande, y te bendeciré, y engrandeceré tu nombre, y serás bendición. Bendeciré a los que te bendijeren, y a los que te maldijeren maldeciré; y serán benditas en ti todas las familias de la tierra. Y se fue Abram, como Jehová le dijo; y Lot fue con él. Y era Abram de edad de setenta y cinco años cuando salió de Harán.
GÉNESIS 12:1–4

¡EL INVENTARIO ESPIRITUAL TIENE QUE HACERSE EN LA PRESENCIA DE DIOS! SÓLO EL TIENE SEÑORÍO EN NUESTRAS VIDAS. SÓLO A EL RENDIMOS CUENTAS.

La oración también nos lleva a la presencia de Dios, donde Dios cambia nuestros caminos a sus caminos, y clamamos como Jesús clamó: *"No se haga mi voluntad, sino la tuya."*

En resumen éstos son los ingredientes importantes de un "inventario espiritual":

1. Hágalo delante de Dios.
2. Hágalo con la Palabra de Dios y la oración como su "plomada."
3. Hágalo con honestidad transparente.
4. Hágalo por completo.
5. Haga las preguntas correctas:
   - ¿Soy creyente?
   - ¿Sé, por tanto, que Dios me ha llamado?
   - ¿Incluye esto estar en misión con Dios?
   - ¿Da mi vida constante evidencia de esta relación personal con Dios?

PENSAMIENTO PARA EL DÍA

EL INVENTARIO ESPIRITUAL TIENE QUE HACERSE EN LA PRESENCIA DE DIOS. SÓLO A ÉL RENDIMOS CUENTAS.

¿Qué le revelan estas preguntas de inventario?

_____

_____

_____

_____

_____

_____

MI INVENTARIO ESPIRITUAL

FECHA: _____

¿CÓMO LE VA EN CUANTO A SU COMPRENSIÓN DE DIOS, SUS PROPÓSITOS Y SUS CAMINOS?

_____

_____

_____

_____

_____

_____

¿CÓMO HA RESPONDIDO USTED A LO QUE YA SABE DE DIOS?

_____

_____

_____

_____

_____

_____

¿QUÉ CAMBIOS ESTRATÉGICOS YA HA HECHO EN SU VIDA Y SU ESTILO DE VIDA PARA QUE DIOS PUEDA OBRAR EN USTED Y POR MEDIO DE USTED?

_____

_____

_____

¿Qué actividad de Dios ya ha notado usted que está ocurriendo en su vida?

¿Qué evidencias de semejanza a Cristo nota usted que están ocurriendo en su vida, y cómo está respondiendo a estos cambios?

El llamado de Dios
Tillie Burgin

"Pase tiempo con ellos"

El teléfono timbró en la Oficina de Misiones de la First Baptist Church de Arlington, Texas. Al otro lado de la línea estaba una mujer que necesitaba ayuda para poder pagar la cuenta de electricidad. La llamada condujo al inicio de un ministerio que toca miles de vidas cada año. Tillie Burgin contestó la llamada ese día, y ahora es directora de Mission Arlington/Mission Metroplex.

Tillie ayudó a la mujer que llamó ese día, y también le preguntó si podía empezar un estudio bíblico en su apartamento. ¡Estuvieron presentes 17 personas en la primera reunión! Pronto había estudios bíblicos que empezaban en otros edificios de apartamentos. Tillie empezó a llevar la "iglesia" a la gente. Quince años más tarde Tillie, junto con más de 2,000 voluntarios, sigue llevando la iglesia a la gente.

Más de 3,700 personas asisten a los 250 estudios bíblicos cada semana. Otras 28,000 reciben alimentos, ropa, muebles y otra ayuda cada mes. Mission Arlington/Metroplex también provee atención dental y médica, asesoramiento en crisis, ayuda financiera, clases de inglés y guardería infantil. En el 2001 hubo 2,150 personas que recibieron a Cristo como su Salvador mediante este ministerio.

Mission Arlington/Metroplex funciona por un concepto sencillo que Tillie llama "Pase tiempo con ellos." Los voluntarios hallan a las personas y pasan tiempo con ellas, y así llegan a conocerlas y se enteran de sus necesidades, y luego conversan sobre Juan 3:16. Debido a que el evangelio es para "todo aquel," toda persona es importante y necesita oírlo.

Tillie creció al frente de la First Baptist Church. Desde niña quería ser misionera. En 1966 Tillie y su esposo, Bob, con sus dos hijos, fueron a Corea del Sur como misioneros. Diez años más tarde renunciaron debido a problemas de salud de su hijo menor, y volvieron a Arlington.

El corazón de Tillie seguía en las misiones. Ella sintió que si pudo hacer misiones en Corea, ¡podría hacerlo en Arlington! Todavía "pasa tiempo con ellos."

EL LLAMADO DE DIOS

UNIDAD 4
¿CÓMO ME LLAMA?

UNIDAD 4
¿CÓMO ME LLAMA?

VERDAD ESENCIAL PARA LA SEMANA

Dios rara vez hace lo mismo dos veces, porque El desea que toda persona crea *en El*, tenga fe *en El*—¡no en un *método*! Por toda la Biblia y en la historia, y por el testimonio de los que Dios ha usado poderosamente, el llamado de toda persona ha sido deliberadamente *único* para cada creyente.

El llamado de Dios
Harold Ray Watson

"Una nueva manera de ser sal"

En 1965 Harold Watson, su esposa, Joyce, y sus tres hijos pequeños llegaron a M'lang, Cotabato, un pueblito en Mindanao, Filipinas. Harold y su familia habían sido nombrados por la Junta de Misiones Internacionales como "evangelistas agricultores" en la segunda isla más grande de las Filipinas.

Harold se crió en una granja en Mississippi, y nunca había oído de la evangelización agrícola. Le gustaba la agricultura y se preguntaba si algún día podría tener su propia hacienda. Mientras servía en la Fuerza Aérea en la isla de Okinawa durante la guerra de Corea, Harold se convenció de que Dios estaba llamándolo a que fuera misionero. Empezó a pensar que tal vez podría haber una nueva manera de hablar del evangelio de Jesucristo en otras tierras mediante su gusto por la agricultura.

Al llegar a las Filipinas, Harold observó que muchos de los pobladores eran pobres y sufrían de mala nutrición. La mayoría de la tierra era montañosa y no se prestaba para los cultivos tradicionales, así que la gente tenía poco para comer y ninguna manera de ganar aunque sea unos centavos. Harold decidió establecer una granja de demostración en 50 acres de terreno y buscar un método de cultivo que ayudaría a los filipinos a valerse por sí mismos.

Los 50 acres de tierra llegaron a ser el Mindanao Baptist Rural Life Center. Harold gradualmente desarrolló un método de cultivo al que llamó SALT, por sus siglas en inglés, y que quiere decir "Tecnología Agrícola para Tierras Empinadas," que les permite a los agricultores locales producir alimentos en las erosionadas faldas de las montañas. Los programas de entrenamiento en el centro enseñan a la gente el nuevo método de cultivo y también acerca de Jesucristo. Los alumnos regresan a sus pueblos con la destreza para proveer alimento físico y espiritual para sus familias.

El método SALT ha sido adoptado por varios países y organizaciones de auxilio para combatir el hambre, inclusive Indonesia, Sri Lanka, Birmania y muchos países de Asia. Cada año unas 18,000 personas visitan el centro para aprender ese método.

Jesús les ordenó a sus seguidores que sean la "sal de la tierra." Dios le mostró a Harold Wilson una nueva manera de ser sal en un mundo perdido.

Día 1
Consciencia del llamado de Dios

El creyente que pregunta en serio "¿Cómo me llama Dios?" debe adjuntar a la pregunta una consagración personal tanto a responder como a rendir cuentas a Dios en cuanto a su llamado. Cuando los creyentes perciben que Dios los está guiando a una respuesta clara y sencilla a esta pregunta, también estarán honda e incluso dolorosamente conscientes de que tener el conocimiento de la voluntad de Dios implica de inmediato un solemne sentido de responsabilidad.

Cuando usted percibe que Dios lo está llamando ¡nunca más volverá a ser el mismo! Tendrá que decir: "¡Sí, Señor!" Tenga presente que a lo mejor se siente inclinado a decir que no; pero no puede decir "¡No, Señor!" Si lo dice, en ese momento Dios ya no es Señor para usted. Porque el señorío quiere decir, por definición, siempre un sí. Cuando Jesús es Señor, el sirviente siempre dice: "¡Sí, Señor!"

Ya hemos indicado que el llamado inicial es un llamado a la salvación, un llamado a ser hecho hijo de Dios y siervo de Jesucristo. Es una decisión eterna y una relación personal eterna. Pero desde el momento en que nazco de nuevo, ¿cómo me llama Dios a que esté en misión con El?

Muchos se olvidan que cuando una persona se convierte a Cristo, es un "bebé" cristiano, y debe crecer y aprender a usar sus "sentidos espirituales" que recién le han sido dados. Tiene que aprender a funcionar con su recientemente provista familia espiritual, la iglesia local. Esto lleva tiempo y

TENER EL CONOCIMIENTO DE LA VOLUNTAD DE DIOS IMPLICA DE INMEDIATO UN SOLEMNE SENTIDO DE RESPONSABILIDAD.

experiencia, tal como sucede en el nacimiento físico y en la experiencia de crecer.

El contexto para este crecimiento, según Dios lo diseñó y lo proveyó, es la iglesia local. Dios no introduce a una persona en su reino sin la provisión adecuada para la protección, el aprendizaje, la alimentación y el amor. En la iglesia local aprendemos sobre nuestra nueva vida en Cristo, y se nos dan las oportunidades para aprender a andar, hablar, proclamar y adquirir experiencias.

Los nuevos creyentes deben recibir primero la *"leche espiritual"* (1 Pedro 2:2). Luego con cuidado se les lleva de la lecha a la carne (Hebreos 5:12–14). Deben llegar a ser maestros de la Palabra de Dios, y mediante el hábil uso de la Palabra pasar de la leche a la carne. La iglesia debe ayudar a cada creyente a crecer de esta manera, madurando y siendo cada vez más útil para Dios. Pablo constantemente habla de avanzar hacia la "madurez" (Filipenses 3:12–16).

¡Pero esto lleva tiempo! También exige completa obediencia a Cristo, quien les ordena a los creyentes no sólo a hacer discípulos y bautizarlos, sino también a enseñarles todas las cosas que El nos ha mandado (Mateo 28:19–20). Esta tarea es la que más exige espiritualmente, pero la practicaron fielmente los primeros creyentes de Jerusalén, como se ve en Hechos 2:41–47. Este es un cuadro sencillo y claro de una familia espiritual, la iglesia local, cuidando de los creyentes recién nacidos. Al leer el resto del libro de Hechos, verá cómo esos creyentes pronto estuvieron en misión con Dios por todo el mundo. Dios realmente realizó por medio de ellos su propósito eterno para redimir a los perdidos.

No que lo haya alcanzado ya, ni que ya sea perfecto; sino que prosigo, por ver si logro asir aquello para lo cual fui también asido por Cristo Jesús. Hermanos, yo mismo no pretendo haberlo ya alcanzado; pero una cosa hago: olvidando ciertamente lo que queda atrás, y extendiéndome a lo que está delante, prosigo a la meta, al premio del supremo llamamiento de Dios en Cristo Jesús. Así que, todos los que somos perfectos, esto mismo sintamos …
Filipenses 3:12–15a

Escriba el nombre de una persona de su iglesia local a la que usted está ayudando a madurar. Empiece a orar por esa persona todos los días, pidiéndole a Dios que la ayude a saber cómo guiarla.

_____

_____

_____

Un breve resumen de las cosas que los nuevos creyentes deben aprender en su vida cristiana incluye:

- recibir alimento espiritual
- cultivar sus recientemente recibidos "sentidos espirituales" (más sobre esto en el estudio del Día 2)
- desarrollar una mayor sensibilidad en cuanto al pecado
- aprender las estrategias de Satanás (tal como Jesús lo hizo)
- aprender a resistir a Satanás y el pecado, con todo su ser
- conocer (a menudo por la vía dura) las consecuencias del pecado, y el lugar esencial de la iglesia para restaurarlos
- conocer la naturaleza de una vida de santidad, para estar siempre a disposición de Dios
- conocer su lugar en el cuerpo (la iglesia local) y cómo Dios va a usar su vida para edificar y hacer crecer a otros en el cuerpo
- descubrir, como los discípulos, la naturaleza del reino de los cielos, y cómo Dios funciona en su mundo, especialmente mediante la oración

Conforme van creciendo en Cristo, gradualmente irán en misión con Dios. Al ser fieles en lo poco, Dios les dará oportunidades más y más significativas para estar en misión con El.

En este proceso aprenderán a "esperar en el Señor," a "estar quietos." En esta espera aprenderán a:

1. Rendirle su vida por completo a Dios para que obre por medio de ellos.

2. Apropiarse de todo lo que Dios ha provisto por su gracia y su presencia en ellos. Esto incluye especialmente a Cristo que vive su vida en ellos, y la completa suficiencia de la presencia y el poder del Espíritu Santo.

Todo esto, y mucho más, va incluido en una consciencia del llamado de Dios.

PENSAMIENTO PARA EL DÍA

ESTAR CONSCIENTE DEL LLAMADO DE DIOS CUANDO UNO SE CONVIERTE A CRISTO ES LA MÁS GRANDE DÁDIVA DE LA VIDA QUE DA DIOS. CUMPLIR ESTE LLAMAMIENTO ES EL MAYOR LOGRO DE LA VIDA.

¿Cuál es su historial en cuanto a decir "Sí, Señor"?

_____

_____

_____

_____

_____

_____

_____

_____

DÍA 2
CULTIVO DE LOS SENTIDOS ESPIRITUALES

Primero, recuerde que cuando usted nació de nuevo como hijo de Dios, le fueron dados sentidos espirituales (Mateo 13:10–23) así que usted puede oír, ver y comprender todos los caminos y actividades de Dios.

> *Entonces, acercándose los discípulos, le dijeron: ¿Por qué les hablas por parábolas?*
>
> *El respondiendo, les dijo: Porque a vosotros os es dado saber los misterios del reino de los cielos; mas a ellos no les es dado. Porque a cualquiera que tiene, se le dará, y tendrá más; pero al que no tiene, aun lo que tiene le será quitado. Por eso les hablo por parábolas: porque viendo no ven, y oyendo no oyen, ni entienden. De manera que se cumple en ellos la profecía de Isaías, que dijo:*
>
> *De oído oiréis, y no entenderéis;*
> *Y viendo veréis, y no percibiréis.*
> *Porque el corazón de este pueblo se ha engrosado,*
> *Y con los oídos oyen pesadamente,*
> *Y han cerrado sus ojos;*
> *Para que no vean con los ojos,*
> *Y oigan con los oídos,*
> *Y con el corazón entiendan,*
> *Y se conviertan,*
> *Y yo los sane.*

Pero bienaventurados vuestros ojos, porque ven; y vuestros oídos, porque oyen. Porque de cierto os digo, que muchos profetas y justos desearon ver lo que veis, y no lo vieron; y oír lo que oís, y no lo oyeron.

Oíd, pues, vosotros la parábola del sembrador: Cuando alguno oye la palabra del reino y no la entiende, viene el malo, y arrebata lo que fue sembrado en su corazón. Este es el que fue sembrado junto al camino. Y el que fue sembrado en pedregales, éste es el que oye la palabra, y al momento la recibe con gozo; pero no tiene raíz en sí, sino que es de corta duración, pues al venir la aflicción o la persecución por causa de la palabra, luego tropieza. El que fue sembrado entre espinos, éste es el que oye la palabra, pero el afán de este siglo y el engaño de las riquezas ahogan la palabra, y se hace infructuosa. Mas el que fue sembrado en buena tierra, éste es el que oye y entiende la palabra, y da fruto; y produce a ciento, a sesenta, y a treinta por uno.

MATEO 13:10–23

Jesús claramente les indicó a sus discípulos que puesto que ellos habían sido "llamados por Dios" eran diferentes en varias maneras significativas:

"Porque a vosotros os es dado saber los misterios del reino de los cielos; mas a ellos [otros que los rodeaban] *no les es dado"* (Mateo 13:11). A esto siguió el aturdido anuncio: *"Pero bienaventurados vuestros ojos, porque ven; y*

vuestros oídos, porque oyen" (Mateo 13:16). Pero cada creyente debe cultivar el uso de estos sentidos espirituales especiales. Es por su uso que uno crece (Hebreos 5:13–14).

Un recién nacido está plenamente equipado con sentidos para funcionar en el mundo físico. Por el uso constante de ellos, el niño crece hacia la madurez. He ayudado a cada uno de mis hijos a usar los ojos para ver, los oídos para oír, y la nariz para oler. En cada etapa de su crecimiento tenían nuevas cosas que aprender. Yo sabía que si crecían normalmente, eventualmente podrían leer y con el tiempo obtener un doctorado, si Dios los llamaba a esa tarea. Mi hijo mayor, Richard, en efecto consiguió su Ph.D., pastoreó una iglesia y más tarde fue llamado a servir como presidente del Seminario Teológico Bautista Canadiense, en donde está haciendo un gran trabajo hasta hoy. Pero el crecimiento día tras día cuando era muchacho fue esencial para lo que llegaría a ser.

A todos los creyentes hay que ayudarles a cultivar los sentidos espirituales que Dios les ha dado. Es esencial para su desarrollo y su utilidad posterior a Dios. La iglesia local es un factor principal, así como los creyentes que Dios pone a su alrededor cuando nacen espiritualmente.

Todo hijo de Dios debe aprender a oír y a reconocer la voz de Dios, y a obedecerle. Jesús les aseguró a sus discípulos que esto sería verdad, cuando dijo:

> *Mas el que entra por la puerta, el pastor de las ovejas es. A éste abre el portero, y las ovejas oyen su voz; y a sus ovejas llama por nombre, y las saca. Y cuando ha sacado fuera todas las propias, va delante de ellas; y las ovejas le siguen, porque conocen su*

Y todo aquel que participa de la leche es inexperto en la palabra de justicia, porque es niño; pero el alimento sólido es para los que han alcanzado madurez, para los que por el uso tienen los sentidos ejercitados en el discernimiento del bien y del mal.
HEBREOS 5:13–14

TODO HIJO DE DIOS DEBE APRENDER A OÍR Y A RECONOCER LA VOZ DE DIOS, Y A OBEDECERLE.

> *voz. . . . Mis ovejas oyen mi voz, y yo las conozco, y me siguen.*
>
> JUAN 10:2-4, 27

TODA OVEJA QUE ES PARTE DEL REDIL DEL SEÑOR CONOCE LA VOZ DEL PASTOR Y LE SIGUE. OTRAS OVEJAS DEL MISMO REDIL PUEDEN AYUDAR A LOS CORDEROS MIENTRAS APRENDEN ESTA DESTREZA.

Toda oveja que es parte del redil del Señor conoce la voz del Pastor y le sigue. Otras ovejas del mismo redil pueden ayudar a los corderos mientras aprenden esta destreza.

¿Cómo sabe usted cuando el Pastor le está hablando?

_____

_____

_____

_____

_____

_____

Todo hijo de Dios debe aprender a "ver" la actividad de Dios y a unírsele. Esto hizo Jesús, y todo creyente también debe hacerlo.

> *Respondió Jesús y le dijo: De cierto, de cierto te digo, que el que no naciere de nuevo, no puede ver el reino de Dios.*
>
> JUAN 3:3

El siervo ve adónde está el Amo, y se le une.

> *Si alguno me sirve, sígame; y donde yo estuviere, allí también estará mi servidor. Si alguno me sirviere, mi Padre le honrará.*
>
> JUAN 12:26

El siervo no toma la iniciativa; el Amo la toma. El siervo ha muerto a sí mismo y ahora vive para su Señor.

> *De cierto, de cierto os digo, que si el grano de trigo no cae en la tierra y muere, queda solo; pero si muere, lleva mucho fruto. El que ama su vida, la perderá; y el que aborrece su vida en este mundo, para vida eterna la guardará.*
>
> JUAN 12:24–25

Y todo creyente debe aprender a comprender de corazón y a obedecer al Señor.

> *Mas el Consolador, el Espíritu Santo, a quien el Padre enviará en mi nombre, él os enseñará todas las cosas, y os recordará todo lo que yo os he dicho.*
>
> JUAN 14:26

Dios siempre está mirando el corazón, porque del corazón procede toda la vida. Por esto Jesús le hizo a Pedro la pregunta determinante de su vida: "Pedro, ¿me amas?"

> *Cuando hubieron comido, Jesús dijo a Simón Pedro:*
> *Simón, hijo de Jonás, ¿me amas más que éstos?*
>
> *Le respondió: Sí, Señor; tú sabes que te amo.*
> *El le dijo: Apacienta mis corderos.*
>
> *Volvió a decirle la segunda vez: Simón, hijo de Jonás,*
> *¿me amas?*
> *Pedro le respondió: Sí, Señor; tú sabes que te amo.*
> *Le dijo: Pastorea mis ovejas.*
>
> *Le dijo la tercera vez: Simón, hijo de Jonás, ¿me*
> *amas?*
> *Pedro se entristeció de que le dijese la tercera vez:*
> *¿Me amas? y le respondió: Señor, tú lo sabes*
> *todo; tú sabes que te amo.*
> *Jesús le dijo: Apacienta mis ovejas.*
>
> JUAN 21:15-17

Pero usted debe cultivar sus sentidos espirituales mediante el uso (Hebreos 5:13–14). Así como el niño viene plenamente equipado con sentidos físicos para funcionar en el mundo físico, al creyente le son dados sentidos espirituales para que funcione en el mundo espiritual en su relación personal con Dios.

Busque los siguientes pasajes bíblicos y escriba cómo nuestros sentidos espirituales nos ayudan en nuestra relación personal con Dios.

1. **Podemos aprender a oír su voz y a seguirle.**
   (Juan 10:2–4, 27)

2. Podemos aprender a ver su actividad y unirnos a El.
(Juan 3:3; 5:17, 19–20)

_____

_____

_____

3. Podemos aprender a comprender de corazón y a obedecerle.
(Juan 14:26; 16:13–15)

_____

_____

_____

Así como el niño pequeño aprende a funcionar en nuestro mundo un poquito a la vez, si somos fieles en lo poco, Dios nos dará más (Lucas 16:10). Jesús dijo que cuando oímos y obedecemos, somos como el hombre que construyó una casa sobre la peña; nada pudo hacerla temblar ni destruirla (Lucas 6:46–49).

Hay algunas cosas que deben estar firmemente en su lugar en la vida del creyente para que pueda experimentar la plenitud del llamado de Dios en su vida.

PENSAMIENTO PARA EL DÍA

SI EL CREYENTE NO SABE CUÁNDO DIOS LE ESTÁ HABLANDO, ESTÁ EN PROBLEMAS EN EL CORAZÓN DE SU RELACIÓN CON DIOS. SI ESTO ES UNA DIFICULTAD PARA USTED, DEJE TODO LO DEMÁS, Y PÍDALE A DIOS QUE LE ENSEÑE HASTA QUE CONOZCA A CIENCIA CIERTA SU VOZ.

¿Por qué me llamáis, Señor, Señor, y no hacéis lo que yo digo? Todo aquel que viene a mí, y oye mis palabras y las hace, os indicaré a quién es semejante. Semejante es al hombre que al edificar una casa, cavó y ahondó y puso el fundamento sobre la roca; y cuando vino una inundación, el río dio con ímpetu contra aquella casa, pero no la pudo mover, porque estaba fundada sobre la roca. Mas el que oyó y no hizo, semejante es al hombre que edificó su casa sobre tierra, sin fundamento; contra la cual el río dio con ímpetu, y luego cayó, y fue grande la ruina de aquella casa.

LUCAS 6:46–49

¿Qué piensa usted que debería estar en su lugar en su vida para poder tener una experiencia de la plenitud del llamado de Dios?

_____

_____

_____

_____

_____

_____

DÍA 3
USTED DEBE CONOCERLE CLARAMENTE

La persona debe conocer a Dios clara e inequívocamente. Jesús dijo que la vida eterna era *"que te conozcan a ti, el único Dios verdadero, y a Jesucristo, a quien has enviado"* (Juan 17:3). Esto quiere decir que usted ha llegado claramente a recibir a Jesucristo en su vida como su Salvador y Señor personal.

Tan esencial para los propósitos de Dios es este conocimiento cabal de Jesucristo que el Padre les enseñó a los discípulos por medio de Jesús cómo tener esta relación personal. Pasaron casi tres años del ministerio de Jesús antes de que les preguntara: *"¿quién decís que soy yo?"* (Mateo 16:15). Cuando Pedro respondió que El era el Cristo, el Hijo del Dios viviente, Jesús le aseguró que *"no te lo reveló carne ni sangre, sino mi Padre que está en los cielos"* (Mateo 16:17). Sólo entonces, con los discípulos plenamente comprometidos a quién era El, pudo El por primera vez presentarles la cruz y su muerte inminente (Mateo 16:21).

Describa quién es Jesús para usted.

_____

_____

_____

_____

_____

_____

_____

Sin esta comprensión de corazón dada por Dios respecto a quién es Jesús, todo lo demás es inútil. Esto es una parte esencial del plan del Padre. Pero no es meramente "conocimiento de cabeza." ¡Debe ser de corazón! El corazón determina toda otra respuesta a Dios. De nuestra respuesta depende el propósito eterno de Dios, realizado por medio de nosotros.

PENSAMIENTO PARA EL DÍA

TODO CREYENTE DEBE TENER UNA RELACIÓN PERSONAL PLENA, DADA POR DIOS, REAL CON JESUCRISTO. ¡LA VIDA CRISTIANA ENTERA DEPENDE DE ESO!

Escriba el testimonio de cuando le entregó su vida a Cristo.

_____

_____

_____

_____

_____

_____

_____

_____

_____

_____

_____

_____

_____

_____

_____

_____

_____

_____

_____

_____

_____

_____

_____

Día 4
RESPONSABILIDAD ANTE DIOS

Tan sencillamente como un niño pequeño usted debe creer en Dios todos los días. Esto es *"porque es necesario que el que se acerca a Dios crea que le hay, y que es galardonador de los que le buscan"* (Hebreos 11:6*b*). Esto se debe a que *"sin fe es imposible agradar a Dios"* (Hebreos 11:6*a*). Por consiguiente, el creyente debe aceptar como verdadero todo lo que Dios ha revelado en cuanto a Sí mismo, especialmente en las Escrituras, y aceptar como obligatorio en su vida todo lo que Dios ha dicho, pedido u ordenado. Puesto que Dios en verdad es Dios, su hijo cree en El y le obedece.

El hijo de Dios le ama de todo corazón, con toda su mente, alma y fuerza, y por consiguiente confía en El y le responde a El incondicionalmente. Pablo hizo esto en su vida, y descubrió y dio testimonio de que el amor de Cristo le impulsaba [constreñía] (2 Corintios 5:14).

En el mismo capítulo de 2 Corintios, Pablo expresó su sentido de responsabilidad ante Dios:

> *Por tanto procuramos también, o ausentes o presentes, serle agradables. Porque es necesario que todos nosotros comparezcamos ante el tribunal de Cristo, para que cada uno reciba según lo que haya hecho mientras estaba en el cuerpo, sea bueno o sea malo. Conociendo, pues, el temor del Señor, persuadimos a los hombres; pero a Dios le es manifiesto lo que somos; y espero que también lo sea a vuestras conciencias.*
>
> 2 Corintios 5:9–11

También añadió que cuando fue salvado, Dios no sólo lo reconcilió consigo, sino que le encargó a él y a todos los creyentes "*la palabra de la reconciliación. Así que, somos embajadores en nombre de Cristo, como si Dios rogase por medio de nosotros; os rogamos en nombre de Cristo: Reconciliaos con Dios*" (2 Corintios 5:19–20).

Jesús les había indicado claramente a sus discípulos (véase Mateo 25) que habría un tiempo de rendir cuentas a Dios. Es un tiempo serio delante de Dios. Y El recompensará a cada uno según su obediencia fiel al Maestro. Cada creyente obediente oirá a su Señor y Maestro decir: "*Bien, buen siervo y fiel; sobre poco has sido fiel, sobre mucho te pondré; entra en el gozo de tu señor*" (Mateo 25:23).

¿Hay algún aspecto de su vida por el que Jesús no podría decirle "Bien hecho"? ¿Cuál es ese aspecto?

_____

_____

_____

_____

_____

_____

_____

_____

_____

_____

_____

Pero con certeza es claro que rendimos cuentas no sólo en el juicio, sino también en esta vida. Si somos fieles en lo poco, El nos dará más. ¡Qué expectación como siervo fiel de Jesucristo!

PENSAMIENTO PARA EL DÍA

VIVIR SIN UN SENTIDO REAL DE RESPONSABILIDAD ¡ES PERDER UNA MOTIVACIÓN PRINCIPAL PARA SERVIR A NUESTRO SEÑOR! SIMPLEMENTE EL SABER QUE NADA QUE HAGAMOS SE LE PASA POR ALTO DA CONSUELO. AMARLE CON TODO EL CORAZÓN, ALMA, MENTE Y FUERZA RESULTA EN UNA RELACIÓN MUY ÍNTIMA Y LA RESPONSABILIDAD ESPONTÁNEA Y GOZOSA. TODOS AQUELLOS A QUIENES DIOS HA USADO GRANDEMENTE HAN VIVIDO ASÍ.

¿Con qué sentido de responsabilidad ante Dios está viviendo usted?

_____

_____

_____

_____

_____

_____

_____

_____

_____

_____

DÍA 5
USTED DEBE OBEDECERLE

Sin vacilación y de inmediato usted le obedecerá. Jesús dijo: *"El que me ama, mi palabra guardará; y mi Padre le amará, y vendremos a él, y haremos morada con él. El que no me ama, no guarda mis palabras"* (Juan 14:23–24).

El Espíritu Santo, su capacitador, le ayudará a oír y a conocer el llamado y la voluntad de Dios. Lo hará toda su vida (lea Juan 14:25–26; Juan 16:13–15; Romanos 8:26; 1 Corintios 2:10–16).

Lea los pasajes mencionados arriba. ¿Cómo le ha ayudado Dios a saber el llamado y la voluntad de Dios?

_____

_____

_____

_____

_____

_____

_____

_____

_____

_____

Nuestro hijo mayor, Richard, llegó a conocer al Señor cuando era niño. Teníamos la confianza de que si le enseñábamos a que escuche al Señor, y si creábamos la atmósfera espiritual en que Dios pudiera hablarle, Richard respondería.

En su adolescencia pasó al frente en un culto de adoración diciendo: "Papá, sé que Dios ha estado llamándome, pero yo he estado huyendo del Señor. Ahora vengo para decirle que sí al llamado de Dios para que sea su siervo. Pienso que voy a ser pastor."

Entonces empezó a contestar el continuo llamado de Dios, sirviendo como presidente del grupo de jóvenes, luego como presidente del Ministerio Bautista Estudiantil, y luego como presidente de este grupo a nivel estatal. Después de graduarse asistió al Seminario Teológico Bautista Southwestern. Luego le llegó el llamado a seguir el programa hacia el doctorado y escribir una historia de la obra Bautista del Sur en Canadá. Luego respondió al llamado de Dios para pastorear la Friendship Baptist Chuch en Winnipeg, Manitoba, Canadá.

El sigue experimentando diariamente el llamado de Dios en su vida, ayudado, enseñado y capacitado para hacerlo por el Espíritu de Dios. A decir verdad, todos nuestros cinco hijos, cuatro varones y una mujer, han sentido el llamado de Dios al ministerio o a las misiones y continúan abriéndose para responder al llamado diario de Dios en su vida.

Dentro de la familia, y la familia de la iglesia, se crea la atmósfera espiritual en que el creyente común puede oír el llamado de Dios y responder con confianza. Allí se aclara el llamado de Dios y el creyente recibe ayuda para obedecer el llamado de Dios.

Las organizaciones misioneras de la iglesia tienen un papel clave para crear esta atmósfera espiritual, de modo que todo creyente pueda tener la experiencia de oír su llamado y

DENTRO DE LA FAMILIA DE LA IGLESIA, EL CREYENTE COMÚN PUEDE OÍR EL LLAMADO DE DIOS Y RESPONDER CON CONFIANZA. ALLÍ SE ACLARA EL LLAMADO DE DIOS Y EL CREYENTE RECIBE AYUDA PARA OBEDECER EL LLAMADO DE DIOS.

ponerlo en práctica de una manera responsable y eficaz. Las organizaciones misioneras proveen oportunidades para el estudio bíblico, estudio misionero, actividades misioneras, participación personal, modelo de misiones y oportunidades de ministerio y servicio. Por consiguiente, es en medio del servicio al Señor que se aclara el llamamiento. Cuando se aclara su llamado, podemos responder con obediencia.

Linda y Renee vinieron a nuestra asociación como misioneras voluntarias. Habían percibido el llamado de Dios para venir y pasar dos años con nosotros. Durante esos dos años procuramos crear una atmósfera espiritual en la que Dios pudiera tener la máxima oportunidad para revelarle a cada una de ellas el siguiente paso en su llamado para sus vidas. Pasamos tiempo estudiando la Biblia y respondiendo preguntas. Se les asignó tareas que ellas sintieron que venían de Dios, y ellas respondieron con entusiasmo. Las ayudamos en sus desencantos, fracasos, victorias y las ocasiones dolorosas o felices.

Su tiempo de servicio terminó en el otoño de 1986. Renee fue luego a otras actividades misioneras y ahora está terminando su preparación en el seminario, preparándose para una vida de ministerio. Linda fue a dirigir el testimonio Bautista del Sur en las Olimpíadas de invierno en Calgary, Alberta, y luego a servir en Nueva York, y ahora está siguiendo cursos de seminario en el Nordeste, preparándose para toda una vida de estar en misiones con el Señor.

El "cómo" de ser llamado por Dios les llegó a Linda y a Renee en medio de su relación personal con Dios y su pueblo, conforme ellas seguían diariamente al Señor.

Pensamiento para el día

¡Todo en la vida del creyente depende de la obediencia! La obediencia siempre abre la actividad de Dios en la vida del creyente. La obediencia es donde realmente empieza toda la actividad real de Dios. la obediencia es el corazón esencial de la experiencia de una vida en misión con Dios en el mundo.

¿En qué aspecto de su vida está el Espíritu Santo, su capacitador, al presente ayudándole a oír y saber el llamado y la voluntad de Dios?

El llamado de Dios
Pandita Ramabai

"Nada que temer, nada que perder, nada que lamentar"

Las mujeres de India a fines del siglo 19 y principios del 20 vivían en desesperación y sin esperanza. Se les negaba la educación, se las veía como esclavas en su cultura hindú, y no se les permitía aprender ningún oficio u otra forma de ganarse la vida.

En esta cultura nació Pandita Ramabai en 1858, en Gagnamul, India. A los 23 años, Pandita sufrió en carne propia el deplorable tratamiento que se daba a las mujeres de India: murió su esposo, a los dos años de casados, dejándola con una hija y un futuro incierto en el sitio más bajo de la sociedad de India.

Su tragedia la hizo volver a examinar la fe hindú. Empezó a buscar al verdadero Dios que podía proveerle de esperanza y un futuro. Después de muchos años de búsqueda, Ramabai recibió a Jesucristo. Leyó las biografías de George Mueller y Hudson Taylor, y se preguntaba si no sería posible trabajar en India como esos hombres habían trabajado en otros países. Así que empezó a permitir que el Señor la guiara para ayudar a las mujeres de India.

En 1889 fundó *Sharada Sadan*, como refugio para mujeres destituidas y huérfanos, y pronto abrió otro refugio llamado *Mukti*, que quiere decir "salvación o liberación." Mediante estas instituciones Ramabai proveía alimentos, ropa, refugio, educación y capacitación en oficios para mujeres y huérfanos. Más importante todavía, Ramabai les presentaba a su Señor vivo.

Aunque Ramabai era responsable por la atención física y espiritual de miles de mujeres y huérfanos, halló que Dios era más que capaz de atender la tarea que le había asignado.

Una vez ella dijo: "No somos ricos, ni grandes, pero somos felices, recibiendo nuestro pan diario directamente de las manos amorosas de nuestro Padre celestial, no teniendo nada que sobre por encima de nuestras necesidades diarias, sin tener cuenta bancaria en ninguna parte, ni ahorros ni ningún ingreso de fuente terrenal, sino dependiendo por entero en nuestro Padre Dios. No tenemos nada que temer, nada que perder, nada que lamentar."

Aunque Ramabai murió en 1922, las obras que ella estableció continúan hasta hoy, como testimonio de su fidelidad al Señor que ella amaba y servía.

EL LLAMADO DE DIOS

UNIDAD 5
¿CUÁNDO ME LLAMA?

UNIDAD 5
¿CUÁNDO ME LLAMA?

VERDAD ESENCIAL PARA LA SEMANA

¡Dios es Dios! Cuando El habla, también se asegura de que le oímos y que sabremos que nos llama. Lo que usted tenga en su corazón se revelará en su respuesta a El.

Juan 6:43— *Jesús respondió y les dijo: No murmuréis entre vosotros.*

Juan 6:44— *Ninguno puede venir a mí, si el Padre que me envió no le trajere; y yo le resucitaré en el día postrero.*

Juan 6:64— *Pero hay algunos de vosotros que no creen. Porque Jesús sabía desde el principio quiénes eran los que no creían, y quién le había de entregar.*

Juan 14:21— *El que tiene mis mandamientos, y los guarda, ése es el que me ama; y el que me ama, será amado por mi Padre, y yo le amaré, y me manifestaré a él.*

Juan 14:23— *Respondió Jesús y le dijo: El que me ama, mi palabra guardará; y mi Padre le amará, y vendremos a él, y haremos morada con él.*

Juan 14:24— *El que no me ama, no guarda mis palabras; y la palabra que habéis oído no es mía, sino del Padre que me envió.*

EL LLAMADO DE DIOS
WILLIAM WILBERFORCE

CREADO CON UN PROPÓSITO

William Wilberforce nació en Hull, Inglaterra, en 1759 en una familia acomodada y de posición social. Asistió a St. John's College en Cambridge, pero los estudios no le interesaban mucho. Aunque Wilberforce se interesaba en la política, no tenía ningún sentido real de propósito para sus deseos políticos.

Wilberforce se dedicó a la política y lo eligieron a la Cámara de Comunes en su primera postulación, cuando tenía 21 años. Logró muy poco sus primeros años en el cargo.

Al acercarse a los 30, sin embargo, Wilberforce empezó a reflexionar en la dirección y el propósito de su vida. Mientras andaba de gira por Europa, leyó el libro de William Law, *Un llamado serio a una vida devota y santa*. Este libro llevó a Wilberforce a un renacimiento espiritual. Al considerar abandonar la política y dedicarse al ministerio, se persuadió de que su verdadero propósito y llamado era servir a Dios mediante su vida política.

Wilberforce llegó a ser un muy poderoso promotor de la reforma moral y social en Inglaterra. Trabajó incansablemente a favor de la atención a los huérfanos, deshollinadores, refugiados y presos.

También participó en las sociedades misioneras y bíblicas. Wilberforce también relató su renacimiento espiritual en un libro titulado *Un vistazo práctico al sistema religioso prevalente de los cristianos profesantes*, animando al retorno a Dios y a una vida de santidad, así como al bienestar de otros.

Wilberforce llegó a ser conocido principalmente por su dedicación a la abolición del tráfico de esclavos y de la esclavitud. Aunque se enfrentó a tremenda oposición política así como a terribles ataques personales, Wilberforce persistió en sus esfuerzos contra la esclavitud. Propuso su primera moción anti-esclavitud en 1788 y lo hizo por los siguientes 18 años, hasta que el tráfico de esclavos finalmente fue abolido en 1806. Siguió en su lucha por la abolición de la esclavitud y pudo lograr la victoria pocos días antes de su muerte en 1833.

El legado de William Wilberforce está no sólo en las causas que defendió y las victorias que ganó, sino también en lo que Dios puede hacer por medio de alguien que se da cuenta y vive según el propósito de Dios para su vida.

Día 1
Cómo conocer el llamado

La Biblia revela, cuando estudiamos con atención la vida de las personas que Dios usó significativamente, que es cuando estamos en medio de la actividad de Dios en nuestro mundo que sabemos más claramente el llamado de Dios para nuestras vidas. Un versículo de lo más significativo para ayudarnos a entender esto se halla en la vida y el testimonio de Jesús. El dijo:

> *Y Jesús les respondió: Mi Padre hasta ahora trabaja, y yo trabajo. . . . Respondió entonces Jesús, y les dijo: De cierto, de cierto os digo: No puede el Hijo hacer nada por sí mismo, sino lo que ve hacer al Padre; porque todo lo que el Padre hace, también lo hace el Hijo igualmente. Porque el Padre ama al Hijo, y le muestra todas las cosas que él hace; y mayores obras que estas le mostrará, de modo que vosotros os maravilléis.*
>
> Juan 5:17, 19–20

Primero, Jesús dijo que fue el Padre quien estaba obrando en el mundo. Jesús era su Siervo escogido. Jesús dijo que el Hijo (Siervo) no toma la iniciativa, sino que más bien observa para ver lo que el Padre (Amo) está haciendo y se le une. Pero Jesús dijo que el Padre ama al Hijo, y por tanto le muestra todo lo que está haciendo. El Hijo se une al Padre, obrando junto con El. Es entonces que el Padre puede completar todo lo que se ha propuesto hacer por medio del Hijo.

Así es cómo Dios se ha propuesto llevar a un mundo perdido a que le regrese a El. Lo hace por medio del Hijo que ama, confía y obedece al Padre. Escuche lo que dicen las Escrituras respecto al enorme precio que Dios y su Hijo pagaron por esta gran salvación.

> *Y Cristo, en los días de su carne, ofreciendo ruegos y súplicas con gran clamor y lágrimas al que le podía librar de la muerte, fue oído a causa de su temor reverente. Y aunque era Hijo, por lo que padeció aprendió la obediencia; y habiendo sido perfeccionado, vino a ser autor de eterna salvación para todos los que le obedecen …*
>
> HEBREOS 5:7–9

Toda persona por medio de quien Dios puede obrar poderosamente ha vivido en esta clase de relación con Dios. El profeta Amós fue un laico (pastor de ovejas y agricultor que cultivaba higos silvestres), y dijo:

> *No soy profeta, ni soy hijo de profeta, sino que soy boyero, y recojo higos silvestres. Y Jehová me tomó de detrás del ganado, y me dijo: Vé y profetiza a mi pueblo Israel.*
>
> AMÓS 7:14–15

Dios tenía un mensaje urgente que su pueblo Israel necesitaba oír de inmediato. El tiempo se les estaba acabando. El juicio estaba muy cerca. Dios quería que oyeran de El y de su amor una vez más. Amós fue el hombre que Dios escogió para llevar su mensaje a su pueblo. Fue una sorpresa para Amós, pero respondió obedientemente, y Dios realizó sus propósitos por medio de él. Aunque ellos no prestaron atención al mensaje, supieron que Dios les había hablado por medio de Amós.

Dios también llamó y utilizó a Jeremías de manera similar. Aunque el modelo es muy similar, el mensajero es diferente. Escuche lo que sucedió:

Vino, pues, palabra de Jehová a mí, diciendo: Antes que te formase en el vientre te conocí, y antes que nacieses te santifiqué, te di por profeta a las naciones.

Y yo dije: ¡Ah! ¡ah, Señor Jehová! He aquí, no sé hablar, porque soy niño.

Y me dijo Jehová: No digas: Soy un niño; porque a todo lo que te envíe irás tú, y dirás todo lo que te mande. No temas delante de ellos, porque contigo estoy para librarte, dice Jehová.

Y extendió Jehová su mano y tocó mi boca, y me dijo Jehová: He aquí he puesto mis palabras en tu boca. Mira que te he puesto en este día sobre naciones y sobre reinos, para arrancar y para destruir, para arruinar y para derribar, para edificar y para plantar.

La palabra de Jehová vino a mí, diciendo: ¿Qué ves tú, Jeremías?

Y dije: Veo una vara de almendro.

Y me dijo Jehová: Bien has visto; porque yo apresuro mi palabra para ponerla por obra.

JEREMÍAS 1:4-12

Dios quería hablar clara y fuertemente a su pueblo Judá y a Jerusalén, y escogió a Jeremías. Pero el corazón de Dios sabía mucho antes de que Jeremías naciera que le había "apartado" para ese momento importante en la historia. El tiempo era crítico para su pueblo. Dios quería que un ruego prolongado y apasionado de su corazón le llegara a su pueblo. Dios moldeó a Jeremías para que sea el portavoz por medio del cual El hablaría. Tan tierno fue el mensaje a Judá que a Jeremías se le ha llamado "el profeta llorón."

Ellos tampoco escucharon. El templo, la ciudad de Jerusalén, y todos los pueblos y aldeas de Judá fueron destruidos. Muchos murieron y los más hábiles de la tierra fueron llevados cautivos a Babilonia, por 70 años.

Además dijo Dios a Moisés: Así dirás a los hijos de Israel: Jehová, el Dios de vuestros padres, el Dios de Abraham, Dios de Isaac y Dios de Jacob, me ha enviado a vosotros. Este es mi nombre para siempre; con él se me recordará por todos los siglos.

Éxodo 3:15

Dios ha hallado a mensajeros por medio de quienes hablar y obrar en toda generación de la historia. Algunos de los más significativos incluyen a Moisés (Exodo 3:15), los jueces, David, todos los profetas, los discípulos, el apóstol Pablo y el pueblo de Dios a través de la historia. Este proceso escogido por Dios continúa hasta hoy y es la manera en que Dios lo llamará y obrará por medio de la vida de usted también. Dios ha obrado y se ha movido en toda la historia para realizar su propósito eterno. Siempre, la eternidad está en juego. Las personas a las que El escoge, llama, moldea y usa, se dan cuenta dolorosa y profundamente de esta "tarea asignada." Son el barro y Dios es el Alfarero. Dios siempre tiene en mente un diseño cuando escoge a una persona (lea Jeremías 18:1–6).

Lea Jeremías 18:1-6. Luego explique cómo está Dios moldeando su vida.

_____

_____

_____

_____

_____

_____

_____

_____

_____

PENSAMIENTO PARA EL DÍA

AQUELLOS A QUIENES DIOS ESCOGE Y LLAMA SABEN LO QUE
EL LES ESTÁ DICIENDO, Y SABEN CÓMO DEBEN ENTREGARLE SU
VIDA PARA QUE EL REALICE SUS PROPÓSITOS EN SU TIEMPO.

*¿De qué tarea está usted profundamente consciente que
Dios le ha asignado este mes pasado?*

_____

_____

_____

_____

_____

_____

_____

_____

Día 2
Un andar diario, rearreglado por completo

Cuando Dios ve una relación que crece, de amor y de respuesta a El en uno de sus hijos, El continúa su llamado en la vida de esa persona. Por lo general hace esto en medio de la rutina diaria de la persona. Mediante esta rutina diaria, Dios llama a una persona a una relación especial y más honda con El. Es también asombroso que la respuesta diaria de cada persona trae la presencia capacitadora y el poder del Espíritu de Dios más cerca de realizarse mediante la tarea asignada por Dios a la persona.

Por ejemplo, Dios puso su Espíritu en Moisés que respondía, y más tarde en los 70 ancianos que debían trabajar con él (lea Números 11:16–25). El andar diario de Moisés con Dios, guiando a su pueblo, fue extremadamente exigente para Moisés. Exigiría la plena presencia y capacitación que sólo el Espíritu de Dios puede dar. Pero Dios también proveyó a otros 70 líderes clave que llevarían parte de la carga del liderazgo. Ellos también necesitarían del mismo Espíritu de Dios. Dios proveyó por completo, y por cierto adecuadamente, para todos ellos. Esta capacitación proveyó lo que necesitaban los líderes para guiar al pueblo de Dios de acuerdo a sus mandamientos y propósitos.

¿A quién ha puesto Dios a su lado para ayudarle a llevar el peso del liderazgo? ¿Cómo lo utiliza Dios para ayudarle?

_____

_____

_____

_____

_____

_____

Más adelante Dios le ordenó a Moisés que construyera un tabernáculo para su presencia entre su pueblo. Exigiría el más dedicado cuidado y obediencia a todo lo que Dios dirigiría. Dios le dijo a Moisés que ya había escogido y puesto su Espíritu en algunos hombres que harían todo lo que El había ordenado (lea Exodo 35:30 a 36:21). Fueron obreros comunes, escogidos por Dios y equipados por el Espíritu de Dios para hacer su voluntad en todas las cosas.

Este patrón de Dios obrando por medio de personas ordinarias, llamadas, asignadas y capacitadas por Dios, continuó en cada uno de los jueces de Israel. Cada uno fue llamado en un momento crucial en la vida del pueblo de Dios, cuando el pueblo necesitaba liberación de sus enemigos. La vida de David sigue el mismo patrón (lea 1 Samuel 16:13); los discípulos y el apóstol Pablo también fueron moldeados y utilizados por Dios en su día.

Ahora es nuestro turno. Esto es especialmente cierto porque Dios tiene propósitos gigantescos para realizar mediante su pueblo en nuestros días. Nuestro mundo está cambiando, y Dios está orquestando a su pueblo para sus propósitos. Pero a menudo su pueblo no está en condición espiritual como para responder al llamado de Dios. Así que, de nuevo, Dios está

DIOS TIENE PROPÓSITOS GIGANTESCOS PARA REALIZAR MEDIANTE SU PUEBLO EN NUESTROS DÍAS. NUESTRO MUNDO ESTÁ CAMBIANDO, Y DIOS ESTÁ ORQUESTANDO A SU PUEBLO PARA SUS PROPÓSITOS.

buscando a alguien que *"se pusiese en la brecha delante de mí, a favor de la tierra, para que yo no la destruyese"* (Ezequiel 22:30).

Hay mucho en la balanza, especialmente en cuanto a la eternidad. El corazón de Dios no ha cambiado. El no quiere que ninguno perezca, sino que todos se arrepientan (2 Pedro 3:9). Así que en este nuestro día, y en su vida y la mía, es todavía increíblemente cierto:

> ***Porque los ojos de Jehová contemplan toda la tierra, para mostrar su poder a favor de los que tienen corazón perfecto para con él.***
>
> 2 CRÓNICAS 16:9

Así que el proceso continúa. Pero ahora lo incluye a usted, y me incluye a mí. Y Dios está observando para ver cómo vamos a responderle.

PENSAMIENTO PARA EL DÍA

DIOS CONOCE LA CONDICIÓN ESPIRITUAL DE TODO CORAZÓN, Y SABE LA CLASE Y CALIDAD DE RESPUESTA QUE SE LE DARÁ. EL ESCOGE VIDAS CUYOS CORAZONES SE INCLINAN EN TODO SENTIDO HACIA EL.

¿De qué maneras la condición espiritual de su corazón muestra que usted está llegando a ser "perfecto" en su relación con Dios?

_____

_____

_____

_____

_____

_____

_____

_____

_____

Día 3
COMPLETAMENTE CAPACITADO

Como ya se mencionó, al que Dios llama también lo equipa total y completamente para capacitarlo a que responda en todo asunto tocante a Dios. Dios está en misión. El siervo de Dios debe estar donde está el Maestro. Jesús añadió significativamente: *"Si alguno me sirviere, mi Padre le honrará."* (Juan 12:26). Libros enteros se podrían escribir simplemente sobre esta relación íntima entre el Señor y sus siervos. Pero la provisión capacitadora de Dios para sus siervos se declara y se ve claramente en toda la Biblia y la historia. Algunas de las "provisiones de Dios" son claras:

DIOS ESTÁ EN MISIÓN.

> ***Mi Dios, pues, suplirá todo lo que os falta conforme a sus riquezas en gloria en Cristo Jesús.***
> FILIPENSES 4:19

> *Porque todas las promesas de Dios son en él Sí, y en él Amén, por medio de nosotros, para la gloria de Dios.*
>
> 2 CORINTIOS 1:20

> *Como todas las cosas que pertenecen a la vida y a la piedad nos han sido dadas por su divino poder, mediante el conocimiento de aquel que nos llamó por su gloria y excelencia, por medio de las cuales nos ha dado preciosas y grandísimas promesas, para que por ellas llegaseis a ser participantes de la naturaleza divina, habiendo huido de la corrupción que hay en el mundo a causa de la concupiscencia ...*
>
> 2 PEDRO 1:3-4

Pero la mayor de las provisiones de Dios es su Espíritu Santo. Jesús les aseguró a sus discípulos: "*recibiréis poder, cuando haya venido sobre vosotros el Espíritu Santo*" (Hechos 1:8). Anteriormente les había asegurado: "*Y yo rogaré al Padre, y os dará otro Consolador, para que esté con vosotros para siempre: el Espíritu de verdad*" (Juan 14:16–17a).

El Espíritu Santo es Dios mismo, presente y activo, capacitando a todo creyente para que haga lo que sea que Dios ordena. Siempre le hace conocer la voluntad del Padre para cada persona (Juan 16:13; 1 Corintios 2:9–16). Les guía a toda la verdad, les enseña todas las cosas y les recuerda todo lo que Cristo les ha ordenado (Juan 14:26; Juan 16:13–15). También les ayuda cuando oran (Romanos 8:26), algo que sería una parte importante de su relación con Dios y de su voluntad para la vida de ellos. Y el Espíritu Santo instilará las Escrituras en la vida de ellos como una "espada." (Efesios 6:17).

Sobre las personas que Dios utilizó en el Antiguo Testamento vino el Espíritu para capacitarlas por completo. En el Nuevo Testamento todo creyente tiene el Espíritu de Dios en el momento de la conversión. Pero, más significativamente, el Espíritu Santo "llena" a los que Dios llama para que estén disponibles para El, conforme El lleva su gran mensaje de salvación al mundo entero.

Ahora es nuestro turno. Todo lo que estaba disponible para las personas de la Biblia ahora está disponible para todo creyente llamado por Dios. Sin que importe lo que sea que Dios le ordena al creyente que haga por El, la provisión de Dios ya está presente y disponible, y el Espíritu Santo está obrando activamente para implementar todo ello en la vida del creyente. Sin que importe "lo difícil o imposible" que sea la tarea que Dios le asigna en la vida de uno de sus hijos, la provisión de Dios lo capacitará por completo para hacerla.

La provisión de Dios para todo creyente en misión con Dios es la plenitud de su presencia. En su presencia estamos "completos" (Colosenses 2:9–10). Todo creyente es capacitado para tener la experiencia de que Dios termine su obra por medio de él o ella (lea Filipenses 1:6). El Espíritu Santo hace esto de muchas maneras.

Una manera de capacitar viene conforme el creyente pasa tiempo en la Palabra de Dios. En medio del estudio el Espíritu Santo da un "sí" de confirmación a lo que El sabe que es la voluntad de Dios. Eso viene como una tranquila seguridad, que da paz y gozo. También da afirmación cuando el creyente dedica tiempo para orar y buscar seguridad de Dios respecto a su voluntad. A la persona que observa con cuidado y ora, le viene una dirección tranquila para la oración, que la pone en el centro de la voluntad de Dios (lea Romanos 8:26–28).

TODO LO QUE ESTABA DISPONIBLE PARA LAS PERSONAS DE LA BIBLIA AHORA ESTÁ DISPONIBLE PARA TODO CREYENTE LLAMADO POR DIOS.

Cuando Juan estaba orando en la isla de Patmos, el Espíritu Santo le dio dirección clara respecto a la voluntad de Dios (lea Apocalipsis 1).

¿Qué afirmación le ha dado Dios en los últimos siete días de oración?

_____

_____

_____

_____

_____

_____

_____

SI USTED SIENTE QUE SABE LA VOLUNTAD DE DIOS Y SIN EMBARGO NO VE A DIOS HACIENDO LO QUE HA PRO-METIDO, TAL VEZ DIOS ESTÉ TRATANDO DE DECIRLE QUE O BIEN USTED NO ESTÁ EN SU VOLUNTAD, O QUE EL TIEMPO DE DIOS NO ES SIEMPRE INMEDIATO.

Por toda la historia el testimonio de los que Dios utiliza indica que algunas de las grandes afirmaciones de Dios les vinieron mediante la oración. Afirmaciones adicionales de Dios les vinieron mediante lo que El estaba haciendo alrededor del creyente, y en medio de su pueblo, la iglesia local.

Es importante tener presente que Dios puede afirmar su voluntad a sus siervos, y la afirma. Si Dios *no* se expresa hacia usted, tal vez esté tratando de hacerle saber alguna otra cosa. Cuando Dios promete algo, lo hace. Si usted siente que sabe la voluntad de Dios y sin embargo no ve a Dios haciendo lo que ha prometido, tal vez Dios esté tratando de decirle que o bien usted no está en su voluntad (lea Isaías 46:11*b*; Isaías 14:24, 27; 1 Reyes 8:56) o que el tiempo de Dios no es siempre inmediato. Dios puede estarse tomando el tiempo necesario para desarrollar carácter en su vida antes de poder darle todo lo que El ha planeado para usted. Ore a Dios y El le guiará a saber la verdad en su situación.

PENSAMIENTO PARA EL DÍA

DIOS HA PROMETIDO AFIRMACIÓN INCREÍBLE DE SU VOLUNTAD Y SU LLAMADO EN NUESTRAS VIDAS. ES IMPORTANTE QUE TODO CREYENTE ESTÉ CONSTANTEMENTE ALERTA A LA PALABRA DE DIOS DE CONFIRMACIÓN, COMO SEA QUE DIOS ESCOJA EXPRESARLA. PERO NUNCA AVANCE MUCHO SIN ALGUNA AFIRMACIÓN DEL SEÑOR DE QUE USTED ESTÁ EN EL CENTRO DE SU VOLUNTAD.

Describa la evidencia de la actividad de Dios en su vida respecto a la última tarea que Dios le asignó en su vida:

_____

_____

_____

_____

_____

_____

_____

_____

_____

_____

Día 4
Necesidad de funcionar en el cuerpo

Los creyentes también sabrán más completamente cuándo Dios los está *llamando* conforme funcionan en la vida de su iglesia (el cuerpo de Cristo). Los cuadros más completos del cuerpo trabajando unido se hallan en 1 Corintios 12, Efesios 4 y Romanos 12. Cada miembro del cuerpo funciona en donde Dios lo coloca en el cuerpo, y cada uno ayuda a las demás partes del cuerpo a crecer en la Cabeza, que es Cristo. Esto no es simplemente figura de expresión; es una realidad viva. El Cristo amante está verdaderamente presente en el cuerpo de la iglesia, y cada miembro en realidad ayuda a los demás a saber y a hacer la voluntad de Dios. Pablo constantemente afirmó su necesidad de otros creyentes para que le ayudaran a conocer y llevar a cabo el llamado de Dios en su vida.

> *Porque deseo veros, para comunicaros algún don espiritual, a fin de que seáis confirmados; esto es, para ser mutuamente confortados por la fe que nos es común a vosotros y a mí.*
>
> Romanos 1:11-12

> *[Oren también] por mí, a fin de que al abrir mi boca me sea dada palabra para dar a conocer con denuedo el misterio del evangelio, por el cual soy embajador en cadenas; que con denuedo hable de él, como debo hablar.*
>
> Efesios 6:19-20

En la iglesia en que Dios lo coloca, también provee otros creyentes a quienes El ha equipado para que le ayuden a:

saber el llamamiento de Dios y la actividad de Dios en su vida,

y a quienes Dios ha escogido para que:

le ayuden a realizar la voluntad de Dios.

Su vida en el cuerpo de Cristo es esencial para que Dios realice su propósito eterno para su vida hoy. El ojo puede ayudar al oído a saber lo que está oyendo, a la mano en cuanto a lo que está tocando, y al pie para saber dónde pisar. La vida del cuerpo es afectada por la relación de cada miembro con los demás (Efesios 4:16).

Lea Efesios 4:1–16. ¿Cómo le utiliza Dios a usted en la vida del cuerpo?

_____

_____

_____

_____

_____

_____

_____

_____

_____

Su vida en el cuerpo de Cristo es esencial para que Dios realice su propósito eterno para su vida hoy.

Esto le incluirá a usted no sólo en la familia de su iglesia, sino también con otras iglesias en su región local (como sucedió en el Nuevo Testamento), por toda la nación y por todo el mundo. El llamado de Dios es llevar el evangelio a toda persona y a toda nación. El plan de Dios para realizar esto es llamarlo a usted a Sí mismo, y luego poner su vida junto a la de otros que El ha llamado, para que juntos, como pueblo, pueda El obrar dramáticamente por todo el mundo, por medio de usted y de su pueblo.

PENSAMIENTO PARA EL DÍA

EL LLAMADO DE DIOS EN SU VIDA SIEMPRE INCLUYE SU PARTICIPACIÓN ÍNTIMA CON SU PUEBLO Y MEDIANTE SU IGLESIA LOCAL.

¿Qué ha descubierto usted que es la razón por la que Dios le puso en la iglesia local donde es miembro?

_____

_____

_____

_____

_____

_____

_____

_____

Día 5
Plena afirmación

En la relación personal con Dios, Dios en amor afirma su presencia y su llamado en su vida ¡diariamente! El corazón que le busca, le halla; la vida que le pide, recibe; al que llama, Dios le abre una puerta (Mateo 7:7–11). Dios responde a sus hijos, y ellos saben que es Dios quien está afirmando su relación con El.

El corazón o la vida que le busca fervientemente pasará tiempo todos los días en la Palabra de Dios. Cuando lo hacemos, el Espíritu Santo usa la Palabra de Dios como espada (Efesios 6:17) para convencernos de pecado, para guiarnos a "toda la verdad," para enseñarnos "todas las cosas," para recordarnos todo lo que Cristo nos ha estado diciendo, y para ayudarnos a entender completamente y aplicar su voluntad y llamado en nuestras vidas (lea Juan 14:26; Juan 16:7–15).

Conforme el creyente abre la Biblia, el Espíritu Santo está presente y activamente procurando llevar a la voluntad de Dios al que busca fervientemente. Las palabras cobran de repente nuevos significados y parecen aplicarse directamente a nuestra vida, y en realidad se aplican, porque esto es la afirmación de Dios en nuestra vida por la obra del Espíritu Santo. Lo mismo es cierto de toda la Biblia, en particular la vida y las enseñanzas de Jesús. Pero *"Toda la Escritura es inspirada por Dios, y útil para enseñar, para redargüir, para corregir, para instruir en justicia"* (2 Timoteo 3:16), especialmente bajo el ministerio del Espíritu Santo. Mediante este proceso entero el Espíritu Santo sigue dando "testimonio a nuestro espíritu" no sólo de que somos hijos de Dios, sino también de que estamos en el centro de la voluntad de Dios (Romanos 8:16, 27).

¿Qué le ha mostrado Dios en la Biblia esta semana que ha cobrado de repente un nuevo significado para usted?

_____

_____

_____

_____

_____

_____

_____

La persona que tiene un corazón que busca a Dios también pasará mucho tiempo en oración. Dios le ha dado al Espíritu Santo la responsabilidad de guiarnos a cada uno a la voluntad de Dios conforme oramos (Romanos 8:26–27). Demasiado a menudo nuestras oraciones empiezan siendo muy egocéntricas y enfocadas en uno mismo. Conforme seguimos orando, pronto nuestra oración se centra en Dios. Así es como obra el Espíritu Santo, conforme a la voluntad de Dios. Siga las directivas del Espíritu Santo de inmediato y por completo.

Tal vez usted esté orando con cólera, e incluso resentimiento contra alguien o respecto a alguna situación. Pronto el amor de Dios llena su corazón, y su oración se vuelve expresiones de amor y bendición. Ese es Dios. Le ha afirmado no sólo su presencia sino también su voluntad para su vida. Agradézcale y altere todo de acuerdo a las directivas que le da, porque El está listo para bendecirle grandemente.

A VECES DIOS USA A AMIGOS, O PARIENTES, O PERSONAS DE SU IGLESIA PARA DARLE AFIRMACIÓN DE SU LLAMADO.

A veces Dios usa a amigos, o parientes, o personas de su iglesia para darle afirmación de su llamado. Alguien le da un versículo bíblico que el mismo Dios le dio esa mañana. ¡Eso es afirmación de Dios! Una llamada telefónica a tiempo o una carta que llega. De nuevo, eso es la afirmación de Dios en su vida y llamado. Una palabra de precaución, o incluso una palabra de corrección llega a ser la afirmación de Dios para *no* avanzar.

Recuerde: ¡no hay coincidencias en la vida completamente rendida a Dios! Dios está interviniendo totalmente en la vida del que El llama para que vaya con El. Pero hay una palabra adicional que hay que decir en este punto. Si usted NO ve la presencia afirmadora de Dios en su vida o ministerio, necesita detenerse y ver si en verdad está fuera de la voluntad de Dios, y El le está hablando al *no* darle afirmación a su pecado y rebelión o desobediencia. También es importante recordar que el "éxito" según lo define el mundo puede no ser por ningún lado la presencia afirmadora de Dios.

¡NO HAY COINCIDENCIAS EN LA VIDA COMPLETAMENTE RENDIDA A DIOS! DIOS ESTÁ INTERVINIENDO TOTALMENTE EN LA VIDA DEL QUE EL LLAMA PARA QUE VAYA CON EL.

PENSAMIENTO PARA EL DÍA

DIOS NUNCA DEJA A SUS HIJOS A QUE ADIVINEN SI ESTÁN ANDANDO EN EL CENTRO DE SU VOLUNTAD. ¡EL PROVEE ABUNDANTES AFIRMACIONES DIARIAS!

¿Qué "plena afirmación" está dándole Dios en su vida al presente?

_____

_____

_____

_____

El llamado de Dios
María Slessor

"Adonde sea, siempre que sea hacia adelante"

A Duke Town en Calabar, Africa Occidental, se le llamaba "el cementerio del blanco." Era la entrada a algunos de los lugares más bárbaros del Africa, en donde la brujería, la superstición, el canibalismo y el sacrificio humano eran cosa de todos los días. Era paraíso del paludismo y otras enfermedades selváticas mortales. Todo esto enfrentó María Slessor cuando llegó de Escocia en 1876, a la edad de 28 años, y con una determinación de hablarle de su Salvador Jesucristo a la gente de Calabar.

Desde niña María había soñado con ir al Africa como misionera para su Señor. Al llegar a Duke Town (que ahora es parte del sudeste de Nigeria), María rápidamente aprendió el idioma de la gente y empezó a aventurarse por la región circundante. Viajaba sola, sabiendo que era peligroso hacerlo así, pero se sentía obligada a hablarle de Jesucristo a la gente de Calabar.

María vivió como viven los africanos, y se dedicó a atender a los que encontraba. Les instaba a que abandonaran sus prácticas bárbaras, atendía y cuidaba a los enfermos, cuidaba de los huérfanos y resolvía disputas. Les enseñó del único Dios verdadero y les alentaba a que dejaran sus espíritus malos y los muchos "dioses" que adoraban. Al empezar a ver algún fruto de su trabajo María quiso avanzar "adonde sea, siempre que sea hacia adelante," para que otros también pudieran oír las buenas noticias de Jesucristo.

Aunque enfrentaba tremendos peligros de la misma gente que trataba de alcanzar, y sufrió mucho por la fiebre, furúnculos y otras enfermedades, María siguió avanzando hacia el interior de Africa. Cuando se debilitó tanto que no podía caminar, la llevaban en carreta de aldea en aldea, siempre avanzando a lo desconocido para que los no alcanzados pudieran oír de Jesucristo.

En 1915, 35 años después de haber llegado a Calabar, María Slessor sucumbió a las enfermedades con que luchó a menudo. Sin embargo, debido a que ella estuvo dispuesta a ir a donde sea, cientos y cientos habían sido libertados por Jesucristo.

EL LLAMADO DE DIOS

UNIDAD 6

¿CÓMO PONGO EN PRÁCTICA EL LLAMADO?

UNIDAD 6

¿CÓMO PONGO EN PRÁCTICA EL LLAMADO?

VERDAD ESENCIAL PARA LA SEMANA

Las provisiones de Dios para una relación con El son completamente cabales. Nada falta desde la perspectiva de Dios. ¿Qué se necesitaría para errar su llamado? Para perderse su llamado usted tendría que resistirle, apagarlo, afligirlo a El, a su Hijo, y a su Espíritu Santo.

EL LLAMADO DE DIOS
BETH MOORE

EJEMPLO VIVO

Beth Moore es una bien conocida autora y conferencista cristiana. Sus recursos han ayudado a miles de mujeres a ser hechas libres por Jesucristo. Leer sus libros y oírla hablar es saber que Dios la ha llamado y equipado para que le enseñara a la gente a amar y poner en práctica la Palabra de Dios. Sin embargo, aunque ella sabía que Dios la había llamado, le llevó tiempo descubrir cómo Dios quería utilizarla.

Beth Moore supo que Dios estaba llamándola para que le sirviera cuando tenía 18 años, y servía como consejera en un campamento. Una cabaña llena de escolares de sexto grado en un campamento misionero no parecería ser un ambiente en el que Dios iba a hablar, pero fue en tal lugar que Dios le reveló claramente a Beth que quería su vida para sus propósitos. Beth le entregó su vida de buen grado y totalmente al Dios que había conocido desde la niñez.

De inmediato Beth trató de descubrir cómo quería Dios que le sirviera. Sentía que Dios llamaba a las mujeres a cantar, tocar algún instrumento o ser misionera, y estaba dispuesta a hacer cualquiera de esas cosas. Sin embargo, Beth sabía que su talento musical era limitado, y parecía que Dios no le estaba pidiendo que sirviera como misionera. ¿Qué quería Dios que ella hiciera?

Aunque no sabía con claridad cómo Dios iba a usarla, Beth tenía certeza de que Dios la estaba llamando. Siguió estando abierta a la dirección de Dios, y decidió seguir a Dios un paso a la vez. El seguir a Dios la llevó a la universidad, el matrimonio, dos hijos y muchas experiencias en la vida. Dios también la dirigió a una maravillosa iglesia, en donde el pastor y otros la ayudaron a comprender cómo Dios quería usarla. Beth cometió equivocaciones monumentales aquí y allá, e incluso llegó a esperar que Dios revocara su llamado. Pero Dios fue fiel para redimirla y despertar en ella una pasión por su Palabra. Paso a paso Dios la preparó y equipó para que fuera un instrumento que El puede usar para afectar la vida de muchas personas.

Hoy la vida y ministerio de Beth son ejemplo vivo de que cuando Dios nos llama, El es fiel para prepararnos y equiparnos para que encajemos en su plan perfecto para tocar nuestro mundo.

Día 1
Deseo de seguir el llamado

Dios mismo pone en el corazón de todo creyente el más hondo deseo de tener la experiencia de sentir la fuerte presencia y poder de Dios obrando en él y por medio de él. Dios no suprimirá su corazón ni su voluntad, pero sí influirá completamente su vida hacia su voluntad y su llamado. Note esto en este pasaje bíblico:

> *Por tanto, amados míos, como siempre habéis obedecido, no como en mi presencia solamente, sino mucho más ahora en mi ausencia, ocupaos en vuestra salvación con temor y temblor, porque Dios es el que en vosotros produce así el querer como el hacer, por su buena voluntad.*
>
> Filipenses 2:12–13

Pero ¿cómo, partiendo de la revelación bíblica, llega uno a experimentar en la vida la honda realidad de ser llamado y que se nos considera responsables?

Al mirar la respuesta a esta pregunta es importante recordar que no sólo es

1. *"Dios es el que en vosotros produce así el querer como el hacer, por su buena voluntad"* (Filipenses 2:13),
sino también,

2. *"que el que comenzó en vosotros la buena obra, la perfeccionará hasta el día de Jesucristo"* (Filipenses 1:6).

¡Estas dos verdades llevan consigo enormes implicaciones!

Busque Efesios 3:20–21 y 2 Pedro 1:1–11. Anote a continuación sus reflexiones.

_____

_____

_____

_____

_____

_____

_____

_____

_____

PENSAMIENTO PARA EL DÍA

A TODO CREYENTE SE LE CONCEDE EL DESEO INTERIOR DE
CONOCER EL LLAMADO DE DIOS Y HACERLO POR COMPLETO.

Pero, ¿cómo, partiendo de la revelación bíblica, llega uno a experimentar en la vida la honda realidad de ser llamado y que se nos considera responsables?

Escriba cómo respondería usted a esta pregunta y luego converse con otros creyentes respecto a su respuesta.

_____

_____

_____

Día 2
La actividad de Dios

Primero, al ser usted un creyente que vive en el mundo, Dios está activamente obrando en su vida el momento en que usted empieza a sentir un deseo interno de hacer la voluntad de Dios. ¡Ya está en su lugar el tiempo de Dios para la plena respuesta que usted dé! Esta es la actividad de Dios en su vida haciéndole querer hacer su voluntad. La actividad de Dios se puede notar mientras usted estudia la Biblia, o al estar en un culto en la iglesia, o al estar orando, o en plena rutina diaria, o incluso mientras habla con algún amigo o algún familiar. Hay algunas cosas que sólo Dios puede hacer. Hacer que el creyente se dé cuenta de su llamado es algo que sólo Dios puede hacer en la vida del creyente.

Estos son algunos ejemplos:

HAY ALGUNAS COSAS QUE SÓLO DIOS PUEDE HACER.

Bill y Anne respondieron en forma muy diferente a las demás personas cuando su comunidad se enteró que un oficial de policía de nuestra ciudad había sido asesinado. Los dos jóvenes que cometieron el crimen fueron detenidos, y la cólera de la gente de la ciudad aumentó. Pero durante nuestra reunión de oración, Bill y Anne empezaron a llorar al contar el peso que sentían en su corazón por los padres de los dos jóvenes detenidos. Ellos mismos tenían un hijo en la cárcel, y sabían el dolor y la soledad de ser los padres. Mientras relataban lo que tenían en el corazón, la familia entera de la iglesia empezó a entender y a sentir por igual el dolor. Sabíamos que Dios estaba tratando de hablarnos por medio de ellos.

Bill y Anne pidieron que oráramos por ellos porque habían invitado a los padres de los dos jóvenes a su casa para tomar café. También les habían expresado su interés y el interés y el amor personal de Dios. Convinimos en orar.

Los padres de los dos jóvenes exclamaron: "Otros nos han odiado y nos han lanzado maldiciones. Ustedes son las únicas personas que se han interesado en nuestra herida. ¡Gracias!"

A partir de esta experiencia, la familia de nuestra iglesia, junto con Bill y Anne, empezó un amplio ministerio a las cárceles, tanto a los presos como a los padres y familiares en varias cárceles y prisiones. Participó la iglesia entera. ¿Por qué? Porque dos creyentes supieron que eran hijos de un Dios de amor y supieron que Dios los estaba llamando a responder. Dios quería obrar por medio de ellos y de su iglesia en la vida de otros que sufrían. Una de nuestras iglesias incluso fue empezada con familias de los presos.

Otra mujer, Cathy, se unió a nuestra iglesia. La reunión de oración llegó a ser un lugar muy especial para ella. En las reuniones y mientras ella oraba, a menudo sentía que Dios se movía en su vida dándole dirección clara.

Un miércoles por la noche ella dijo: "Dios me ha puesto en el corazón un gran peso por ministrar a los minusválidos mentales y físicos, y a sus familias. Yo me crié con una hermana mentalmente minusválida. Sé lo que eso es para los padres de la familia. Nadie de las iglesias de nuestra ciudad está ministrando a estas personas. Siento que debemos buscar la dirección de Dios para ver si debemos intervenir." Conforme ella lo relataba, y conforme orábamos, más se unieron nuestros corazones en uno (lea Mateo 18:19–20).

Lea Mateo 18:19–20. Dé una ilustración de su vida de cómo Dios ha unido a dos personas para que oren juntas.

_____

_____

_____

_____

_____

_____

_____

Otra vez os digo, que si dos de vosotros se pusieren de acuerdo en la tierra acerca de cualquiera cosa que pidieren, les será hecho por mi Padre que está en los cielos. Porque donde están dos o tres congregados en mi nombre, allí estoy yo en medio de ellos.
MATEO 18:19–20

Nos convencimos de que Dios estaba dirigiendo, no sólo a Cathy, sino a toda la iglesia, a participar. Para nosotros cso fue un claro llamado de Dios, y nos sentimos responsables para responder a Dios. Respondimos, y Cathy nos ayudó a saber qué hacer. Pronto tuvimos de 15 a 20 jóvenes mentalmente limitados asistiendo a nuestra iglesia, junto con algunos familiares de ellos. Por medio de estas personas especiales nuestra iglesia llegó a experimentar como nunca antes el significado del amor puro. Dios llamó a Cathy y a su iglesia mientras ella oraba (y después mientras nosotros orábamos con ella), y Dios empezó a realizar sus propósitos de amor por medio de nosotros.

PENSAMIENTO PARA EL DÍA

DIOS NO LE PERMITIRÁ QUE "SE LE PASE POR ALTO" SU LLAMADO EN SU VIDA O EN LA VIDA DE SU IGLESIA CUANDO USTED ESTÁ ESCUCHANDO INTENSAMENTE EN COMPAÑERISMO CONTINUO CON ÉL.

Relate un episodio que indique la actividad actual de Dios en su iglesia.

_____

_____

_____

_____

_____

_____

_____

_____

_____

Día 3
LLAMAMIENTO CORPORATIVO

Terry trabajaba en una empresa muy significativa de microfichas. Mientras estudiaba regularmente su Biblia, oraba y adoraba, Dios empezó a hablarle. Durante un culto de adoración, Terry pasó al frente indicando que Dios le estaba llamando a ser un testigo más eficaz en su lugar de trabajo.

"Pero," dijo, "mi escritorio está al mismo fondo del pasillo y sólo una persona llega a mi oficina. ¿Cómo puede Dios usarme para hablar de El a los muchos compañeros de oficina?

Conté a la iglesia su sentido de llamado y prometimos orar con él. Le animé a observar con toda atención la actividad de Dios en respuesta a nuestra oración y que se preparara para obedecer de inmediato. No pasó mucho cuando él relató gozosamente a la iglesia: "Esta semana mi jefe vino a verme y me dijo: 'Terry, quiero cambiar de sitio tu escritorio. Espero que no te moleste.' Ahora mi escritorio es el lugar más atareado en la oficina, justo junto al bebedero de agua, la copiadora y la cafetera. Todos pasan por mi escritorio ahora. Por favor, oren por mí para que yo pueda ser el testigo fiel que Dios me ha llamado a ser en mi lugar de trabajo."

Esta experiencia hizo que toda la iglesia fuera más sensible al llamado de Dios en su vida, así como a la iglesia.

El año que siguió se llevaron a la práctica muchos propósitos significativos de Dios. Un mecánico (que nació en las Filipinas) y su esposa sintieron claramente que Dios los estaba llamando a que se dedicaran por completo al ministerio. Se convencieron de que Dios quería que pastorearan una iglesia para las familias filipinas de nuestra ciudad y de nuestra nación. Les animé y les aconsejé con algunos pasajes bíblicos, mientras la familia de su iglesia oraba por ellos. Ellos respondieron a Dios permitiéndole obrar por medio de ellos. Este hermano acaba de terminar su preparación en el seminario, ha estado pastoreando una iglesia filipina influyente, y ha dirigido a su iglesia a iniciar otras dos iglesias. Ha sentido el llamado de Dios para incluir ahora el establecimiento de iglesias similares por toda la nación de Canadá.

La iglesia también empezó a alcanzar a los refugiados que llegan sin documentación y de todo el mundo. Muchos han recibido a Cristo y un alto porcentaje ha sentido que Dios los ha salvado físicamente, y ahora espiritual y eternamente. Creen que Dios quiere que ministren el evangelio a "su gente," algunos incluso regresando a su tierra natal.

PENSAMIENTO PARA EL DÍA

LA IGLESIA LOCAL ES ESENCIAL PARA TODO CREYENTE EN ESTO DE SER LLAMADO Y SER RESPONSABLE ANTE DIOS POR SU LLAMADO.

¿Cómo describiría usted "el llamamiento corporativo"?

_____

_____

_____

_____

_____

_____

Busque unos pocos ejemplos bíblicos de "llamamiento corporativo" y anote a continuación las referencias bíblicas.

_____

_____

_____

_____

Día 4
Vida diaria

¿Cómo lleva usted a la práctica en su vida diaria el llamamiento de Dios? Empieza y es sostenido en su relación personal diaria con Dios, ¡de principio a fin del día! En su tiempo a solas con Dios al principio del día, Dios le habla y le guía a entender y a saber lo que El planea hacer ese día por medio de usted, donde El lo tiene en su vida.

Si usted termina sus devociones diciendo: "Dios, ¡por favor acompáñame este día y bendíceme!", Dios bien puede decirle: "¡Tienes las cosas al revés! Tengo una voluntad y un plan para lo que Yo quiero hacer mediante tu vida hoy. Quiero que vengas conmigo. Así que te estoy alertando mediante mi Palabra y tu oración por saber mi voluntad para ti, ¡y así tú puedes ser mi compañero hoy!"

En su momento devocional, el Señor Jesús le dará en el corazón la plena certeza de que, sea lo que sea que el Padre tiene en mente, Jesús estará presente con usted y en usted para proveerle de todos los recursos que necesitará para ver que la voluntad de Dios se cumpla por medio suyo. Además, el

Espíritu Santo le dará la certeza de que El le capacitará para que implemente en su vida esta voluntad específica de Dios, ¡y de cualquier llamado de Dios! ¡Qué privilegio más increíble! ¡Qué responsabilidad más asombrosa! Qué responsabilidad tenemos de amarle, creer en El, confiar en El y obedecerle. Es entonces que usted tendrá la experiencia de la maravillosa presencia y poder de Dios obrando su voluntad en usted y por medio de usted.

Segundo, debido a que usted sabe que Dios está obrando en usted y que acabará lo que ha empezado, usted debe vivir con un claro sentido de expectación y esperanza de que Dios va a hacer esto en su vida diariamente. No es lo que usted puede hacer por Dios, sino ¡lo que Dios está haciendo en usted! Lo que El empieza, El mismo lo terminará.

Cuánto estimula leer de nuevo en Isaías otra promesa de Dios en este sentido:

Jehová de los ejércitos juró diciendo: Ciertamente se hará de la manera que lo he pensado, y será confirmado como lo he determinado; . . . Porque Jehová de los ejércitos lo ha determinado, ¿y quién lo impedirá? Y su mano extendida, ¿quién la hará retroceder?

ISAÍAS 14:24, 27

Una vez que Dios le ha hablado al corazón, es como si ya estuviera hecho. Dios nunca ha hablado para revelar su voluntad sin garantizar El mismo que acabará lo que ha dicho. Esto será cierto para usted como lo ha sido para cualquiera en la Biblia o en la historia.

Estudie los siguientes pasajes bíblicos para darse a sí mismo una voz de aliento: Isaías 55:8; Números 23:19; Hebreos 13:20–21.

NO ES LO QUE USTED PUEDE HACER POR DIOS, SINO ¡LO QUE DIOS ESTÁ HACIENDO EN USTED!

DIOS NUNCA HA HABLADO PARA REVELAR SU VOLUNTAD SIN GARANTIZAR EL MISMO QUE ACABARÁ LO QUE HA DICHO.

Estudie Isaías 55:8; Números 23:19; Hebreos 13:20–21.
¿Qué estímulo le dieron estos pasajes bíblicos?

_____

_____

_____

_____

_____

Tercero, es importante reconocer la actividad u obra de Dios en su vida de modo de unírsele rápidamente. Jesús dijo esto muy claramente respecto a su propia relación con el Padre cuando dijo:

> **"Y Jesús les respondió: Mi Padre hasta ahora trabaja, y yo trabajo. . . . Respondió entonces Jesús, y les dijo: De cierto, de cierto os digo: No puede el Hijo hacer nada por sí mismo, sino lo que ve hacer al Padre; porque todo lo que el Padre hace, también lo hace el Hijo igualmente. Porque el Padre ama al Hijo, y le muestra todas las cosas que él hace; y mayores obras que estas le mostrará, de modo que vosotros os maravilléis.**
>
> JUAN 5:17, 19–20

En Juan 6:44, 45, 65, Jesús dijo que nadie viene a El a menos que el Padre le traiga y le enseñe. Pero aquellos en cuya vida el Padre estaba obrando vendrían a El. Jesús, por lo tanto, buscarían esa obra en la vida de los que lo rodean. Por ejemplo, cuando vio a Zaqueo subido a un árbol, Jesús podría haberse dicho: "Nadie puede buscarme con ese fervor a menos que el Padre esté obrando en su vida. Tengo que unirme al Padre en su actividad." Así que dejó a la multitud y se fue a la casa de Zaqueo, ¡y la salvación llegó a Zaqueo esa misma ocasión!

Sherri, enfermera en nuestra universidad, pidió a la iglesia que orara para que Dios le ayudara a testificar a otros. Pero no sabía por dónde empezar. Yo, como su pastor, le mencioné pasajes bíblicos y le animé a observar para ver la "actividad de Dios, cosas que sólo Dios podría hacer" que sucedían en su vida. Ella volvió a la iglesia entusiasmada, diciendo: "Una joven que ha estado en mi clase por dos años vino a verme y me dijo: 'Pienso que tú debes ser creyente. Tengo que hablar contigo.' Me reuní con ella y me dijo: 'Once muchachas estamos tratando de estudiar la Biblia, pero ninguna es creyente. ¿Sabes de alguien que pudiera enseñarnos la Biblia?'"

A partir de este contacto, Sherri intervino en la vida de muchos universitarios mediante el estudio bíblico y el testimonio, y muchos llegaron a convertirse a Cristo y se unieron a nuestra iglesia.

Piense en su vida durante la semana pasada, o el mes pasado. Permita que el Espíritu Santo le haga recordar cómo Dios le ha estado hablando claramente. Ahora que tiene una fresca comprensión de esto debido a este estudio:

1. **Anote al margen las maneras en que Dios le ha estado hablando.**
2. **Comprométase de nuevo a observar lo que Dios está haciendo y a unírsele en esas actividades.**

3. **Hable con su iglesia y vea si Dios quiere incluirlos a ellos también.**

LAS 24 HORAS DEL DÍA DIOS PUEDE HABLARLE, Y LE HABLARÁ, DE LO QUE SE PROPONE REALIZAR POR MEDIO DE USTED. ESTÉ ALERTO TODO EL DÍA Y TODA LA NOCHE POR LA VOZ DE DIOS.

¿Cómo reconoce usted la actividad del Padre en su vida y en su iglesia?

_____

_____

_____

_____

_____

_____

_____

DÍA 5
INTERDEPENDENCIA

Cuando Dios le alerta respecto a dónde El está obrando, lo que se propone es que usted participe junto con El para que El pueda realizar su voluntad para otros mediante su vida.

Pero hay verdad adicional en cuanto a aplicar, o poner en práctica, el llamado de Dios en su vida y en responderle a El con responsabilidad sincera. Es su **interdependencia** de otros creyentes en la vida de su iglesia. Ellos no sólo le ayudarán a saber y a aclarar la voluntad de Dios, o el llamamiento de Dios en su vida, sino que también estarán a su lado para ayudarle a cumplirlo. A esto yo llamo interdependencia divina. No hay llaneros solitarios al vivir la vida cristiana. Dependemos mutuamente unos de otros. El Nuevo Testamento describe esta interdependencia en la vida cristiana como vida en el cuerpo de Cristo.

Tres pasajes bíblicos principales nos ayudan a entender esto claramente: Romanos 12:3–8; 1 Corintios 12:4–31; Efesios 4:1–7, 11–16.

Lea Romanos 12:3–8; 1 Corintios 12:4–31; Efesios 4:1–7, 11–16. ¿Cómo le ayudan estos pasajes a entender la interdependencia?

_____

_____

_____

_____

_____

_____

_____

_____

_____

Pablo les recuerda fuertemente a los creyentes que se necesitan unos a otros, tal como el cuerpo necesita de todas sus partes. Dijo: "*y a aquellos del cuerpo que nos parecen menos dignos, a éstos vestimos más dignamente; y los que en nosotros son menos decorosos, se tratan con más decoro*" (1 Corintios 12:23). Y en Efesios 4:13 les recuerda que cada parte del cuerpo funciona eficientemente en donde Dios la ha colocado, y así el cuerpo entero crece conforme a la Cabeza, que es Cristo, "*hasta que todos lleguemos a la unidad de la fe y del conocimiento del Hijo de Dios, a un varón perfecto, a la medida de la estatura de la plenitud de Cristo.*"

Esto exige un **rendir cuentas o responsabilidad** gozosa, voluntaria, de unos a otros, porque todos estamos unidos a la Cabeza, Jesucristo. Esto es por planeamiento divino. Dios nos llama a Sí, pero también quiere que con ese llamado nos unamos con otros creyentes en amor mutuo y con responsabilidad mutua por el bienestar unos de otros. En la iglesia animamos a todo creyente a esperar que Dios va a

1. Llevar a la práctica su llamamiento a la salvación.
2. Llevarlos en misión consigo mismo y con otros en su mundo.

La expectación y la esperanza se vuelven una forma de vida, y no sufrimos desilusión.

En la iglesia experimentamos juntos el entusiasmo de estar en misión. Los miembros de nuestra iglesia tuvieron la experiencia de participar en el ministerio a los desamparados, al sistema escolar, a las cárceles, a los incapacitados mental y físicamente, a la universidad, a las reservaciones indígenas, a las ciudades vecinas, e incluso hasta el último rincón de la tierra. Todos participaron, individualmente y como grupo, con Dios. Muchos sintieron el llamamiento a ser pastores o ministros; otros sintieron el llamamiento a ministrar en otros países del mundo; otros más percibieron un claro sentido de llamamiento a servir, testificar y ministrar en el lugar de trabajo, y en los hogares en que Dios les ha colocado. Juntos nos ayudamos unos a otros a ser **responsables**, primero ante Dios que nos ha llamado, y luego unos a otros conforme procurábamos ser el cuerpo de Cristo en nuestro mundo por medio del cual el Padre puede realizar sus propósitos, y los realiza.

Esto de ser "responsable" o "rendir cuentas" incluye:

1. Creer lo que Dios ha dicho y revelado en su Palabra. A toda persona que El llamó, la consideró responsable para responder personalmente ante El específicamente. También a nosotros nos considera responsables ante El.
2. Obedecer de inmediato a todo lo que Dios habla, "con temor y temblor" (Filipenses 2:12).
3. Escoger un compañero espiritual, o una clase de Escuela Dominical, o una iglesia entera, que nos exija cuentas de *hacer* lo que uno sabe que Dios ha dicho.
4. Hacer frecuentemente un inventario espiritual, procurando ver la clara evidencia de la actividad de Dios y de la bendición divina por medio de uno.
5. Estar consciente de un momento último eterno ante Dios por sus "obras" hechas en esta vida (2 Corintios 5:10).

PENSAMIENTO PARA EL DÍA

UNA DE LAS MÁS GRANDES PROVISIONES DE DIOS PARA USTED ES ASEGURARLE SU VOLUNTAD.

CONCLUSIÓN

El llamado de Dios es un llamamiento a una relación personal total con Dios, para los propósitos que él ha tenido para nosotros desde antes de la fundación del mundo. Dios nos llama haciéndonos querer hacer su voluntad, y luego capacitándonos para hacerla. Primero nos llama a que nos convirtamos en hijos suyos por la fe en Jesús, su Hijo. En esa relación Dios ha provisto todo lo que necesitamos para vivir plenamente con él. Esa relación siempre nos incluirá en su actividad redentora en nuestro mundo. En esa relación Dios mismo obrará por medio de nosotros en nuestro mundo. Conforme Dios obra por medio de nosotros en nuestro mundo, llegaremos a conocerle más y a crecer en semejanza a Cristo. Un carácter como el de Cristo es la preparación divina para una eternidad con Dios. ¡Qué plan y qué propósito tiene Dios para cada uno de nosotros! Ojalá que le respondamos a El mientras El obra en nosotros y por medio de nosotros poderosamente en nuestro mundo.

Ser llamado y considerársele responsable. ¡Este es uno de los más grandes privilegios dados por gracia a todo creyente!

EL LLAMADO DE DIOS

GUÍA PARA EL LÍDER

El llamado de Dios

Cómo usar esta Guía para el líder

Si usted está dirigiendo *El llamado de Dios* como estudio de grupo, esta Guía para el líder le ayudará a planear para las reuniones. Estas dos páginas le proveen instrucciones generales; refiérase a ellas al usar las páginas de planes para cada unidad, que se hallan en las páginas 148–159.

Antes de cada sesión

1. Complete los ejercicios de todos los cinco días de la unidad en sus momentos devocionales diarios.

2. Ore, pidiendo la dirección del Espíritu para la sesión. Esté en buena relación con Dios, confesando todo pecado conocido, de modo de que usted pueda ser un instrumento puro que El puede usar, entusiasmado por proclamar la verdad. Ore por cada miembro del grupo.

3. Estudie cada sección marcada con la lupa. Identifique de esa sección unos pocos puntos para el diálogo en el grupo.

4. Prepare asuntos específicos para dirigir en la sesión, llenando la página de "Durante la sesión" para la unidad (vea páginas de planes, pp. 148–159).

5. Atienda todo asunto logístico, tales como arreglo del local de reunión, letreros, planes para refrescos, contactos con los miembros del grupo y el conseguir los materiales necesarios.

6. Haga su propia lista de quehaceres en el espacio que se provee.

DURANTE CADA SESIÓN

1. Bienvenida y oración: Planee dar la bienvenida a los participantes y abrir con un breve momento de oración. Conforme los participantes se conocen, dé tiempo para que expresen peticiones de oración antes de orar.

2. Preguntas y nociones de los testimonios: Planee preguntas o comentarios para un breve diálogo acerca de los testimonios del estudio de *El llamado de Dios* durante la semana, que se hallan al principio y al fin de cada unidad. (La Unidad 6 tiene un testimonio y una conclusión.) Preguntas posibles: ¿Cómo respondió usted a los testimonios? ¿Qué le pareció fuera de lo normal? ¿Le ha llamado Dios alguna vez de esa manera?

3. Verdades principales del estudio: Planee destacar las verdades principales de la unidad mediante el repaso y diálogo sobre la "Verdad esencial para la semana," los "Pensamientos para el día" y las secciones marcadas con la lupa.

4. Preguntas de diálogo derivadas del estudio: Prepare preguntas para dirigir al grupo a escuchar lo que Dios está enseñándoles mediante su estudio. Enfoque en fomentar disposición para aprender, reforzar verdades importantes y estimular la aplicación personal. Preguntas posibles:
- ¿Qué le dijo Dios mientras estudiaba esta unidad?
- ¿Cuáles fueron algunas frases que fueron especialmente importantes para usted?
- ¿Qué ajustes le está pidiendo Dios que haga?

5. Resumen y reto: Resuma el aprendizaje importante que ha experimentado el grupo en esta sesión. Presénteles el reto a ser diligentes para realizar los estudios diarios y orar.

6. Fomente expectación: Prepare al grupo para la siguiente sesión fomentando expectación por la nueva unidad.

7. Oración: Ore por el grupo antes de despedirse, usando los pasajes bíblicos y sus aplicaciones según el diálogo del grupo.

BIENVENIDA Y ORACIÓN
(10 minutos)

TESTIMONIOS
(5 minutos)

VERDADES
(10 minutos)

PREGUNTAS
(15 minutos)

RESUMEN Y RETO
(5 minutos)

PRÓXIMA SEMANA
(5 minutos)
ORACIÓN
(10 minutos)

EL LLAMADO DE DIOS

PÁGINAS DE PLANES PARA UNIDAD UNO

ANTES DE LA SESIÓN

☐ 1. Complete todos los estudios de todos los cinco días durante sus momentos devocionales.

☐ 2. Ore, pidiendo la dirección del Espíritu para la sesión. Esté en buena relación con Dios, confesando todo pecado conocido, de modo que usted pueda ser un instrumento puro que El puede usar, entusiasmado por proclamar la verdad. Ore por cada miembro del grupo.

☐ 3. Estudie cada sección marcada con la lupa. Identifique de esta sección unos pocos puntos para el diálogo del grupo.

☐ 4. Prepare asuntos específicos para dirigir la sesión, llenando la página "Durante la sesión" a la derecha. Adapte los segmentos sugeridos según las necesidades de su grupo.

☐ 5. Atienda todo asunto logístico, tales como arreglo del lugar de reunión, letreros, planes para refrescos, contacto a los miembros del grupo y elconseguir los materiales necesarios.

☐ 6. Prepare su propia lista de tareas o quehaceres:

DURANTE LA SESIÓN

(Vea las sugerencias que se dan en la p. 147 para usar esta página.)

1. Bienvenida y oración

    Peticiones de oración:

2. Preguntas y nociones de testimonios:

3. Verdades principales del estudio:

4. Preguntas de diálogo derivadas del estudio:

5. Resumen y reto:

6. Fomente expectación:

7. Oración:

BIENVENIDA Y
ORACIÓN
(10 minutos)

TESTIMONIOS
(5 minutos)

VERDADES
(10 minutos)

PREGUNTAS
(15 minutos)

RESUMEN Y
RETO
(5 minutos)

PRÓXIMA
SEMANA
(5 minutos)

ORACIÓN
(10 minutos)

EL LLAMADO DE DIOS

PÁGINAS DE PLANES PARA UNIDAD DOS

ANTES DE LA SESIÓN

1. Complete todos los estudios de todos los cinco días durante sus momentos devocionales.

2. Ore, pidiendo la dirección del Espíritu para la sesión. Esté en buena relación con Dios, confesando todo pecado conocido, de modo que usted pueda ser un instrumento puro que El puede usar, entusiasmado por proclamar la verdad. Ore por cada miembro del grupo.

3. Estudie cada sección marcada con la lupa. Identifique de esta sección unos pocos puntos para el diálogo del grupo.

4. Prepare asuntos específicos para dirigir la sesión, llenando la página "Durante la sesión" a la derecha. Adapte los segmentos sugeridos según las necesidades de su grupo.

5. Atienda todo asunto logístico, tales como arreglo del lugar de reunión, letreros, planes para refrescos, contacto a los miembros del grupo y el conseguir los materiales necesarios.

6. Prepare su propia lista de quehaceres:

DURANTE LA SESIÓN

(Vea las sugerencias que se dan en la p. 147 para usar esta página.)

1. Bienvenida y oración

   Peticiones de oración:

BIENVENIDA Y ORACIÓN
(10 minutos)

2. Preguntas y nociones de testimonios:

TESTIMONIOS
(5 minutos)

3. Verdades principales del estudio:

VERDADES
(10 minutos)

4. Preguntas de diálogo derivadas del estudio:

PREGUNTAS
(15 minutos)

5. Resumen y reto:

RESUMEN Y RETO
(5 minutos)

6. Fomente expectación:

PRÓXIMA SEMANA
(5 minutos)

7. Oración:

ORACIÓN
(10 minutos)

EL LLAMADO DE DIOS

EL PROPÓSITO DE DIOS PARA TODO CREYENTE

PÁGINAS DE PLANES PARA UNIDAD TRES

ANTES DE LA SESIÓN

☐ 1. Complete todos los estudios de todos los cinco días durante sus momentos devocionales.

☐ 2. Ore, pidiendo la dirección del Espíritu para la sesión. Esté en buena relación con Dios, confesando todo pecado conocido, de modo que usted pueda ser un instrumento puro que El puede usar, entusiasmado por proclamar la verdad. Ore por cada miembro del grupo.

☐ 3. Estudie cada sección marcada con la lupa. Identifique de esta sección unos pocos puntos para el diálogo del grupo.

☐ 4. Prepare asuntos específicos para dirigir la sesión, llenando la página "Durante la sesión" a la derecha. Adapte los segmentos sugeridos según las necesidades de su grupo.

☐ 5. Atienda todo asunto logístico, tales como arreglo del lugar de reunión, letreros, planes para refrescos, contacto a los miembros del grupo y el conseguir los materiales necesarios.

☐ 6. Prepare su propia lista de quehaceres:

DURANTE LA SESIÓN

(Vea las sugerencias que se dan en la p. 147 para usar esta página.)

1. Bienvenida y oración

  Peticiones de oración:

BIENVENIDA Y
ORACIÓN
(10 minutos)

2. Preguntas y nociones de testimonios:

TESTIMONIOS
(5 minutos)

3. Verdades principales del estudio:

VERDADES
(10 minutos)

4. Preguntas de diálogo derivadas del estudio:

PREGUNTAS
(15 minutos)

5. Resumen y reto:

RESUMEN Y
RETO
(5 minutos)

6. Fomente expectación:

PRÓXIMA
SEMANA
(5 minutos)

7. Oración:

ORACIÓN
(10 minutos)

EL LLAMADO DE DIOS

PÁGINAS DE PLANES PARA UNIDAD CUATRO

ANTES DE LA SESIÓN

☐ 1. Complete todos los estudios de todos los cinco días durante sus momentos devocionales.

☐ 2. Ore, pidiendo la dirección del Espíritu para la sesión. Esté en buena relación con Dios, confesando todo pecado conocido, de modo que usted pueda ser un instrumento puro que El puede usar, entusiasmado por proclamar la verdad. Ore por cada miembro del grupo.

☐ 3. Estudie cada sección marcada con la lupa. Identifique de esta sección unos pocos puntos para el diálogo del grupo.

☐ 4. Prepare asuntos específicos para dirigir la sesión, llenando la página "Durante la sesión" a la derecha. Adapte los segmentos sugeridos según las necesidades de su grupo.

☐ 5. Atienda todo asunto logístico, tales como arreglo del lugar de reunión, letreros, planes para refrescos, contacto a los miembros del grupo y el conseguir los materiales necesarios.

☐ 6. Prepare su propia lista de quehaceres:

DURANTE LA SESIÓN

(Vea las sugerencias que se dan en la p. 147 para usar esta página.)

1. Bienvenida y oración

    Peticiones de oración:

2. Preguntas y nociones de testimonios:

3. Verdades principales del estudio:

4. Preguntas de diálogo derivadas del estudio:

5. Resumen y reto:

6. Fomente expectación:

7. Oración:

BIENVENIDA Y ORACIÓN
(10 minutos)

TESTIMONIOS
(5 minutos)

VERDADES
(10 minutos)

PREGUNTAS
(15 minutos)

RESUMEN Y RETO
(5 minutos)

PRÓXIMA SEMANA
(5 minutos)

ORACIÓN
(10 minutos)

E L LLAMADO DE D IOS

PÁGINAS DE PLANES PARA UNIDAD CINCO

ANTES DE LA SESIÓN

☐ 1. Complete todos los estudios de todos los cinco días durante sus momentos devocionales.

☐ 2. Ore, pidiendo la dirección del Espíritu para la sesión. Esté en buena relación con Dios, confesando todo pecado conocido, de modo que usted pueda ser un instrumento puro que El puede usar, entusiasmado por proclamar la verdad. Ore por cada miembro del grupo.

☐ 3. Estudie cada sección marcada con la lupa. Identifique de esta sección unos pocos puntos para el diálogo del grupo.

☐ 4. Prepare asuntos específicos para dirigir la sesión, llenando la página "Durante la sesión" a la derecha. Adapte los segmentos sugeridos según las necesidades de su grupo.

☐ 5. Atienda todo asunto logístico, tales como arreglo del lugar de reunión, letreros, planes para refrescos, contacto a los miembros del grupo y el conseguir los materiales necesarios.

☐ 6. Prepare su propia lista de quehaceres:

DURANTE LA SESIÓN

(Vea las sugerencias que se dan en la p. 147 para usar esta página.)

1. Bienvenida y oración

   Peticiones de oración:

2. Preguntas y nociones de testimonios:

3. Verdades principales del estudio:

4. Preguntas de diálogo derivadas del estudio:

5. Resumen y reto:

6. Fomente expectación:

7. Oración:

BIENVENIDA Y ORACIÓN
(10 minutos)

TESTIMONIOS
(5 minutos)

VERDADES
(10 minutos)

PREGUNTAS
(15 minutos)

RESUMEN Y RETO
(5 minutos)

PRÓXIMA SEMANA
(5 minutos)

ORACIÓN
(10 minutos)

EL LLAMADO
DE DIOS

PÁGINAS DE PLANES PARA UNIDAD SEIS

ANTES DE LA SESIÓN

1. Complete todos los estudios de todos los cinco días durante sus momentos devocionales.

2. Ore, pidiendo la dirección del Espíritu para la sesión. Esté en buena relación con Dios, confesando todo pecado conocido, de modo que usted pueda ser un instrumento puro que El puede usar, entusiasmado por proclamar la verdad. Ore por cada miembro del grupo.

3. Estudie cada sección marcada con la lupa. Identifique de esta sección unos pocos puntos para el diálogo del grupo.

4. Prepare asuntos específicos para dirigir la sesión, llenando la página "Durante la sesión" a la derecha. Adapte los segmentos sugeridos según las necesidades de su grupo.

5. Atienda todo asunto logístico, tales como arreglo del lugar de reunión, letreros, planes para refrescos, contacto a los miembros del grupo y el conseguir los materiales necesarios.

6. Prepare su propia lista de quehaceres:

Durante la sesión

(Vea las sugerencias que se dan en la p. 147 para usar esta página.)

1. Bienvenida y oración

   Peticiones de oración:

BIENVENIDA Y ORACIÓN
(10 minutos)

2. Preguntas y nociones del testimonio: (La Unidad 6 tiene sólo un testimonio. Use el tiempo adicional para la conclusión, p. 143.)

TESTIMONIO
(5 minutos)

3. Verdades principales del estudio:

VERDADES
(10 minutos)

4. Preguntas de diálogo derivadas del estudio:

PREGUNTAS
(15 minutos)

5. Resumen y reto:

RESUMEN Y RETO
(5 minutos)

6. Evalúe la experiencia:

EVALÚE
(5 minutos)

7. Oración:

ORACIÓN
(10 minutos)

¿Qué aprendieron los hijos en la iglesia la semana pasada?

Primeros
pasitos
misioneros
Tomo 2

Actividades e ideas
para Amiguitos
Misioneros y
sus líderes

por Jennifer Smith
Tara Kathryn Flores, traductora

**Primeros pasitos
misioneros**
L058103 $12.99

**Lo que los niños aprenden en la iglesia sirve
como la base de su fe.**

Primeros pasitos misioneros le guía a transformar
la sala de clase a un lugar gozoso, por medio de
experiencias que enseñan los principios
misioneros. *Primeros pasitos misioneros* incluye
información misionera, ideas para proyectos
misioneros, hojas reproducibles, sugerencias
para el cartel de anuncios, el canto de Amiguitos
Misioneros y más.

UFM

Pídalo en
www.wmustore.com
o llame al **1-800-968-7301**
(para español, marque el 1).

www.wmu.com

Especialmente para mujeres

De la UFM, líder en la obra misionera evangélica, le viene dos libros acerca de los desafíos y oportunidades con los cuales se enfrentan las mujeres de hoy. Es nuestro privilegio ofrecer ánimo y ayuda espiritual durante las dificultades de la vida.

Mentoría: De mujer a mujer
Un libro guía para ayudar a las mujeres creyentes a servir de mentora a otras por medio de las experiencias de la vida de fe.Por Libo Krieg y Abby Rodríguez, con una parte traducida de Edna Ellison.
L024107
$12.99

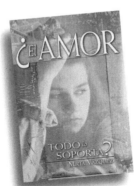

¿El amor todo lo soporta?
Las mujeres creyentes pueden superar los obstáculos de su vida por medio del amor firme, demostrando un estilo de vida de gracia y verdad. Por Mirta Vázquez.
L024108
$12.99

UFM

Disponibles de la UFM al 1-800-968-7301 (para español, marque el 1), o visite www.wmustore.com.